초등학생이
가장 궁금해하는
숨겨진 식물
이야기 **30**

초등학생이 가장 궁금해하는
숨겨진 식물 이야기 30

1999년 7월 10일 초판 1쇄 발행
2010년 11월 25일 개정판 1쇄 발행

지은이 | 장수하늘소
그린이 | 심윤정
펴낸이 | 박경희
기획 | 한승수

펴낸곳 | 하늘을나는교실
등록 | 제300-1994-16호
전화 | 031-907-4934
팩스 | 031-907-4935
E-mail | hvline@naver.com

ⓒ 장수하늘소 2010

ISBN 978-89-94757-00-1 74400
ISBN 978-89-963187-0-5(세트)

* 책값은 뒤표지에 있습니다.
* 잘못된 책은 구입처나 본사에서 바꾸어 드립니다.

초등학생이 가장 궁금해하는 숨겨진 식물 이야기 30

장수하늘소 지음 | 심윤정 그림

하늘을 나는교실

꽃이나 나무는 무슨 재미로 살까요?

식물은 강아지처럼 산천을 신나게 뛰어다니거나 새처럼 훨훨 날아다니지 못해요. 속 시원하게 '멍멍' 크게 짖어 대거나 '구구구' 즐겁게 노래하지도 못해요. 또 우리 사람들처럼 도란도란 이야기를 나누며, '하하하' 소리 내어 웃지도 못하지요. 식물은 그저 늘 변함없이 한자리에 묵묵히 서 있으면서, 때마다 꽃을 피우고 지고 할 뿐이에요.

그러고 보니 정말 식물이 안됐어요. 어쩌면 식물도 그렇게 태어난 것을 후회하고 있지 않을까 하는 생각이 들기도 해요.

그런데 정말 그럴까요? 정말 식물이 재미없이 살아가고 있을까요?

뜻밖에도 우리는 식물의 생활에 대해 잘 알고 있지 못한 경우가 많아요. 식물의 예쁜 꽃과 향기를 즐기고, 식물의 열매를 먹을거리나 약 등으로 쓸모 있게 이용하면서 말이에요. 조금만 더 식물의 세계에 대해 알기만 하면 누구든지 깜짝 놀라고 말 텐데, 참 안타까운 일이에요.

그저 얌전하게만 보이는 식물도 동물처럼 살아남기 위해 경쟁을 벌이고 있답니다. 그렇다면 식물은 무엇을 가지고 서로 싸우고 경쟁을 벌일까요? 식물도 중매쟁이를 통해 결혼을 한다는데, 정말 그럴까요? 제 마음에 쏙 드는 결혼 상대가 아니면 단번에 퇴짜를 놓는다는데, 사실일까요? 자식은 어떻게 낳고 보살필까요? 아니, 그보다도 식물은 무엇을 먹고 살까요? 숨은 쉴까요? 식물은 왜 동물처럼 자유롭게 이곳저곳으로 옮겨 다닐 수 있는 다리를 만들지 않았던 걸까요? 동물을 잡아먹는 무시무시한 식물도 있다는데, 그게 사실일까요?

어때요, 이런 궁금증이 여러분의 마음속에 있는 호기심의 문을 똑똑똑 두드리지는 않나요?

이 책을 읽다 보면 '아하, 그래서 식물들이 꽃을 피우고, 꿀과 열매를 만들었구나. 그래서 잎이 초록색이구나. 그래서 낙엽이 지는구나.' 하고 새삼 고개가 끄덕여질 거예요. 식물의 세계도 동물의 세계에 버금가게 흥미롭고 감동적이라는 것도 깨닫게 될 거고요. 식물에 대한 사랑과 소중함도 새록새록 돋아날 거예요.

자, 그럼 신비한 식물의 세계로 여행을 떠나 볼까요?

장수하늘소

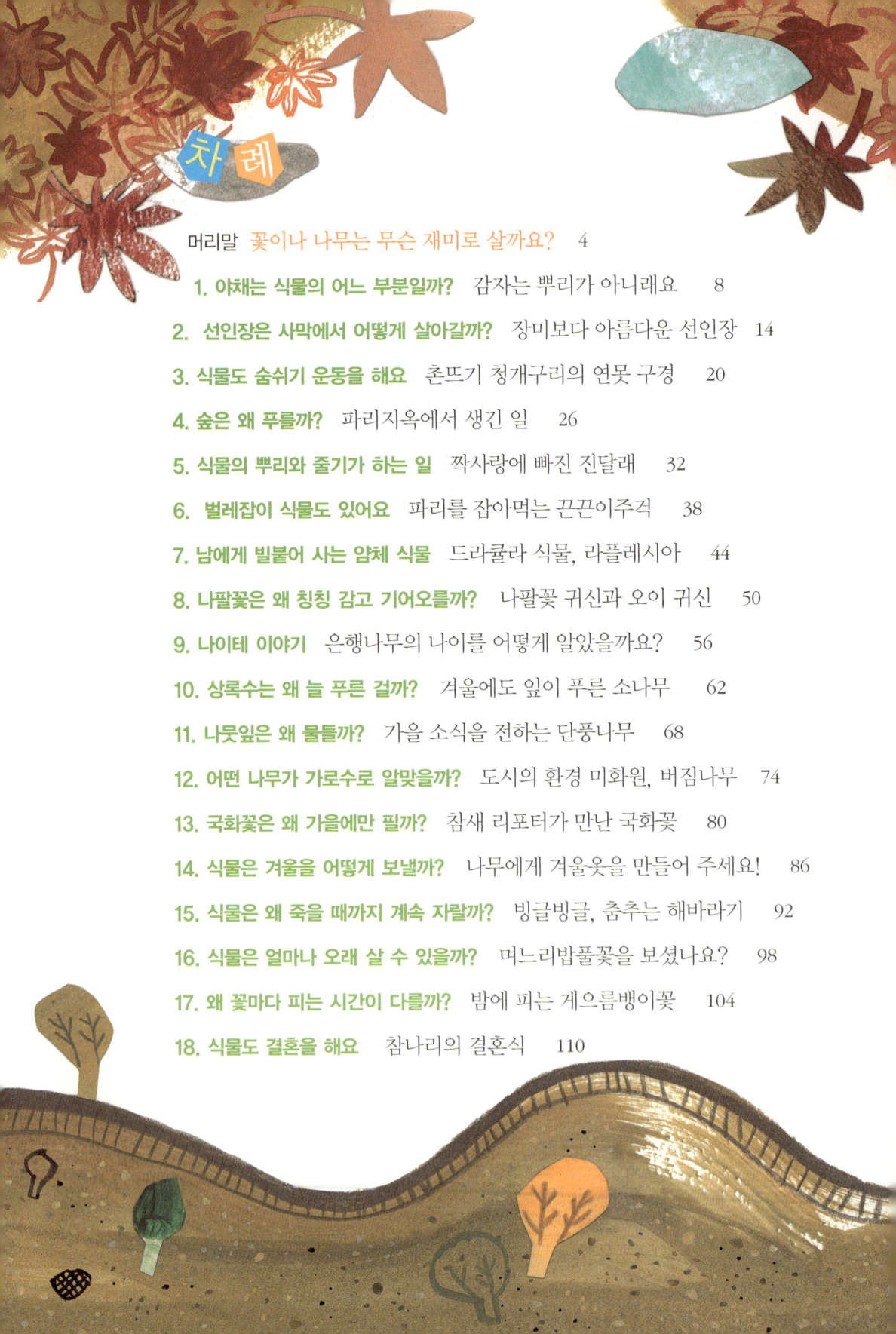

차례

머리말 꽃이나 나무는 무슨 재미로 살까요? 4

1. 야채는 식물의 어느 부분일까? 감자는 뿌리가 아니래요 8
2. 선인장은 사막에서 어떻게 살아갈까? 장미보다 아름다운 선인장 14
3. 식물도 숨쉬기 운동을 해요 촌뜨기 청개구리의 연못 구경 20
4. 숲은 왜 푸를까? 파리지옥에서 생긴 일 26
5. 식물의 뿌리와 줄기가 하는 일 짝사랑에 빠진 진달래 32
6. 벌레잡이 식물도 있어요 파리를 잡아먹는 끈끈이주걱 38
7. 남에게 빌붙어 사는 얌체 식물 드라큘라 식물, 라플레시아 44
8. 나팔꽃은 왜 칭칭 감고 기어오를까? 나팔꽃 귀신과 오이 귀신 50
9. 나이테 이야기 은행나무의 나이를 어떻게 알았을까요? 56
10. 상록수는 왜 늘 푸른 걸까? 겨울에도 잎이 푸른 소나무 62
11. 나뭇잎은 왜 물들까? 가을 소식을 전하는 단풍나무 68
12. 어떤 나무가 가로수로 알맞을까? 도시의 환경 미화원, 버짐나무 74
13. 국화꽃은 왜 가을에만 필까? 참새 리포터가 만난 국화꽃 80
14. 식물은 겨울을 어떻게 보낼까? 나무에게 겨울옷을 만들어 주세요! 86
15. 식물은 왜 죽을 때까지 계속 자랄까? 빙글빙글, 춤추는 해바라기 92
16. 식물은 얼마나 오래 살 수 있을까? 며느리밥풀꽃을 보셨나요? 98
17. 왜 꽃마다 피는 시간이 다를까? 밤에 피는 게으름뱅이꽃 104
18. 식물도 결혼을 해요 참나리의 결혼식 110

19. 꽃이 피는 까닭은 무엇일까?　터미네이터 채송화의 비밀　116

20. 꽃은 꽃가루를 어떻게 옮길까?　꽃가루 옮기기 누가 잘 하나!　122

21. 나무의 암수는 어떻게 구별할까?
　　여자 나무와 남자 나무?　128

22. 씨앗은 어떻게 만들어질까?　와, 꽃이 졌다!　134

23. 과일은 어떻게 생길까?
　　감나무에서 감이 저절로 툭!　140

24. 대나무는 꽃을 피우고 나면 죽는대요　호랑이의 대나무 이야기　146

25. 씨앗 없이도 번식하는 식물이 있어요
　　딸기한테 마당발이 있다고?　152

26. 홀씨로 번식하는 식물　고사리는 무서운 마법사!　158

27. 버섯은 식물이 아니에요　그리고 곰팡이류 여러분!　164

28. 식물의 조상은 무엇일까?　포도나무의 외로운 여행　170

29. 세월이 흐르면 숲도 변할까?　셋방살이 온 참나무　176

30. 숲은 우리에게 많은 것을 베풀어요
　　숲속의 자기 자랑 대회　182

1. 야채는 식물의 어느 부분일까?

감자는 뿌리가 아니래요

떠돌이 감자가 며칠 동안 아무것도 먹지 못해서, 배가 몹시 고팠답니다. 그런데 마침 마을 벽보에 이런 글이 대문짝만하게 나붙어 있지 않겠어요?

'오늘 무지개 동산에서 쌍쌍 파티가 있습니다. 뿌리와 열매 식물은 누구든지 오세요!'

감자는 기뻐서 손뼉을 쳤습니다.

"이런, 이런. 오늘은 배 터지게 먹게 생겼군! 예쁜 아가씨랑 춤도 추고 말이야! 하하하!"

감자는 가슴이 설레었습니다. 세상 구경을 나온 지 꼬박 열흘이 되었지만, 이제껏 신

나는 일이 거의 없었거든요.

감자는 한껏 멋을 부리고서, 무지개 동산을 찾아갔습니다. 잔치가 벌써 시작되었는지 쿵쿵 짝짝, 흥겨운 음악 소리가 울려 퍼지고 있었어요. 그런데 이게 어찌된 일일까요? 글쎄 문지기인 무가 떡 버티고 서서 감자를 들여보내 주지 않는 것이었어요.

"어허, 무 양반. 나는 감자요! 아무리 내가 당신보다 잘생겨도 그렇지, 이러시면 됩니까?"

감자가 타이르듯이 점잖게 말했습니다. 그러자 무가 코웃음 쳤습니다.

"푸하하, 아니, 이봐요. 당신은 나보다 키도 작을뿐더러 둥글둥글한 것이 짜리몽땅하지 않소? 어디를 보아도 나보다 더 나은 건 없어 보이는데?"

"그, 그……."

감자는 얼굴이 빨개졌습니다. 사실 하얀 살결에다 긴 잎줄기들을 뒤로 멋지게 묶은 무는 대단한 멋쟁이였어요. 그에 견주면 감자는 볼품없이 키가 작고, 얼굴도 누리끼리한데다가 곰보이기까지 하니, 영락없는 촌뜨기였지요. 그래도 감자는 기죽지 않고 말했어요.

"에헴, 무 양반. 무릇 모든 것은 겉모습보다는 속이 중요한 거라오. 당신네 무들은 툭하면 바람이 들어 농부를 울리지 않소? 우리 감자는 그런 일일랑 절대로 없거든. 자, 어서 나를 들여보내 주시오! 저렇듯 아가씨들이 나를 기다리고 있지 않소!"
무는 감자의 넉살에 어이가 없다는 듯이 말했습니다.
"자, 긴 소리 말고 이제 그만 돌아가시오. 보다시피 여긴 뿌리와 열매의 잔치가 아니오?"
"말 한 번 잘했소. 뿌리와 열매의 잔치이니, 나도 마땅히 참가할 수 있잖소? 나도 당당한 뿌리이니까!"
"뭐, 당신이 뿌리라고? 푸하하!"
"아니, 왜 웃는 거요? 내 몸에도 이렇듯 흙이 묻어 있지 않소? 그러니 나도 무나 고구마처럼 영락없는 뿌리 아니오? 그리고 생긴 거로 말하면, 무보다는 못하지만 고구마보다는 낫지. 그렇지 않소?"
감자의 말에 당근, 가지, 고추 들도 배를 잡고 웃어댔습니다.
단지 고구마만이 얼굴이 시뻘개져서 감자를 노려보고 있었지요.
그 때, 귤 아가씨가 보다 못해 감자에게 일러 주었어요.
"이봐요. 당신은 뿌리가 아니라, 줄기라는 걸 여태 몰랐나요?"
"네? 내가 뿌리가 아니라고요?"
감자가 그제야 화들짝 놀라서 되물었어요. 그러자 이번에는 고구마가 으름장을 놓았지요.
"이 뿌리도 모르는 감자야! 그래, 자기 족보도 몰라? 나한테 큰코 다치기 전에 어서 썩 사라져라!"
그러니 어찌겠어요? 감자는 얼굴이 시뻘개져서 꽁무니를 뺄 수밖에 없었답니다.

어, 정말 감자는 식물의 뿌리가 아니에요?

감자는 땅에서 캡니다. 그래서 언뜻 고구마나 무처럼 감자도 식물의 뿌리로 착각하기 쉽습니다. 하지만 감자는 땅 속에 뻗은 줄기가 변해서 굵어진 것입니다. 잘 살펴보면, 뿌리보다 조금 굵은 줄기에 달린 줄기 식물이라는 것을 알 수 있을 것입니다.

감자처럼 줄기를 먹는 야채로는 토란, 죽순, 아스파라거스 따위가 있습니다.

초등학생이 가장 궁금해하는 식물상식 1

서늘한 북쪽에 감자를 심고, 따뜻한 남쪽에 고구마를 심어요.

감자

고구마

감자는 땅 속에 있는 줄기가 변한 것입니다. 그래서 모양이 둥글고, 잔뿌리가 달려 있지 않습니다. 이에 비해 고구마는 끝이 가늘고, 잔뿌리가 많이 나 있어요. 이것은 고구마가 식물의 뿌리이기 때문입니다.

감자는 서늘한 지방에서 잘 자라고, 고구마는 더운 지방에서 더 잘 자라는 것도 서로 다른 점입니다. 그래서 서늘한 북쪽 지방일수록 감자를 많이 심고, 더운 남쪽 지방일수록 고구마를 많이 심습니다.

곡식과 양념은 식물의 어느 부분일까요?

곡식이란 우리가 먹는 쌀, 콩, 밀, 옥수수 따위를 이르는 말입니다. 이들 곡식은 모두 식물의 열매입니다. 곡식을 쌀처럼 밥을 해서 먹거나 밀처럼 가루로 빻아 빵을 만들어 먹습니다.

양념은 음식의 맛을 낼 때 쓰입니다. 우리 음식에 널리 쓰이는 양념으로는 고추, 후추, 생강, 마늘, 양파, 파 등이 있어요. 이 가운데 고추와 후추는 식물의 열매이고, 생강은 식물의 뿌리 부분이에요. 마늘과 양파, 파는 줄기입니다.

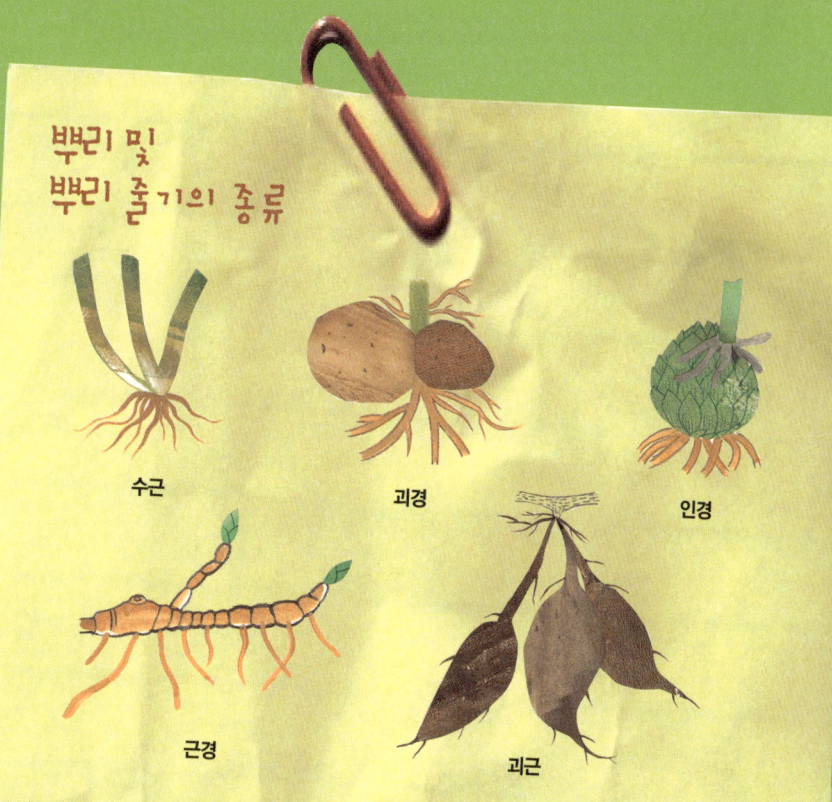

뿌리 및 뿌리 줄기의 종류

수근
괴경
인경
근경
괴근

수근 : 수염뿌리, 원뿌리와 곁뿌리의 구별이 없이 뿌리줄기에서 수염처럼 많이 뻗어 나온 뿌리
괴경 : 덩이 모양을 이룬 땅속줄기, 감자, 토란 등
인경 : 비늘줄기, 땅속줄기의 하나로 짧은 줄기 둘레에 양분을 저장하여 두껍게 된 잎이 많이 겹쳐 있다. 파, 마늘, 나리 등
근경 : 뿌리줄기
괴근 : 덩이뿌리, 고구마, 무 따위와 같이 덩이 모양으로 생긴 저장 뿌리

2. 선인장은 사막에서 어떻게 살아갈까?

장미보다 아름다운 선인장

꽃들이 저마다 제가 더 아름답다고 우겨댔습니다. '세계 이쁜이 식물 대회'가 열리고 있거든요. 그러나 사막에서 온 사구아로 선인장은 묵묵히 듣고 있기만 했어요.

그 때 장미가 짓궂게 말했습니다.

"조용, 조용! 이러다가는 가장 아름다운 식물을 뽑지 못하겠어! 차라리 가장 못생긴 식물을 뽑는 건 어떨까?"

"그래, 그거 참 재미있겠다!"

꽃들이 찬성하자마자, 기다렸다는 듯이 장미가 냉큼 사구아로 선인장을 가리켰어요.

"왜, 왜 나를 보, 보는 거야?"

"넌 고슴도치처럼 가시로 잔뜩 둘러싸였잖아! 게다가 볼품없이 뚱뚱하고 큰데다가 쭈글쭈글 주름살도 많지! 그러니 사구아로 너야말로 가장 못생긴 식물이지. 뭐!"

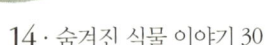

장미의 말에, 사구아로 선인장은 말 한 마디 못 하고 얼굴만 빨개졌지요. 그러고는 기어들어가는 목소리로 말했습니다.

"난 아름다움이 겉모습만은 아니라고 생각해! 어려운 환경을 이겨 내고 꿋꿋이 살아가는 모습도 아름다워. 그런 아름다움은 시간이 흐를수록 더 빛이 나!"

하지만 모두들 속으로 '흥' 하고 콧방귀를 뀌었어요.

그런데 그날따라 햇볕이 뜨거웠어요. 시간이 지날수록 열기가 퍼져서 마치 난로 속 같았습니다.

장미는 꽃잎이 흉하게 일그러졌고, 도라지꽃은 꽃잎이 축 처졌습니다. 다른 꽃들도 모두 시들시들하기는 마찬가지여서, 좀 전의 화려함은 온데간데없었어요.

하지만 사구아로 선인장만은

아까와 같은 모습 그대로였어요.

"이런 말 하기는 미안하지만, 잘 보렴. 지금 누가 가장 아름다운지."

선인장의 말에 모두 할 말이 없었어요.

그 날 저녁, 시든 꽃들이 정신을 차리기 시작했습니다.

"누가 내 뿌리에 물을 주었지? 도라지, 너니?"

"아냐. 나도 도움을 받았는걸. 칸나, 너니?"

"아냐, 아냐. 나도 도움을 받았어. 누굴까?"

그 때 사구아로 선인장이 부끄러운 듯 머리를 긁적이며 말했어요.

"사실 내 뚱뚱한 몸은 물을 저장하는 물탱크야. 너희가 힘들어해서 내 물을 좀 나누어 주었어."

"사구아로야!"

장미와 칸나, 도라지꽃은 감격해서 더 이상 말을 잇지 못했지요. 그러고 보니 사구아로 선인장은 낮보다 훨씬 야윈 모습이었어요.

"그래, 선인장, 네가 가장 아름다운 식물이야! 힘든 환경을 이겨내는 지혜와 그렇게 고운 마음을 가지고 있으니 말이야!"

도라지꽃이 박수를 치며 말했습니다.

"맞아. 겉모습이 중요한 게 아니었어!"

"낮에 너를 놀린 걸 용서해 줘! 우리가 뭘 몰라서 그랬던 거야!"

장미와 칸나도 웃으며 박수를 쳤습니다.

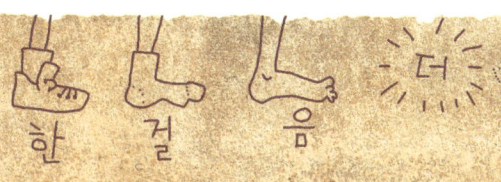

선인장의 비밀 세 가지

선인장이 사막에서 살아가는 숨은 비밀 세 가지를 알려드릴까요?

첫째, 선인장이 뚱뚱한 것은, 몸속에 많은 물을 저장해 두기 때문입니다. 사막은 덥고 비도 잘 오지 않아 좀처럼 물을 구하기가 힘든 곳입니다. 그래서 선인장은 비가 한 번 올 때마다 몸속에 많은 물을 저장해 둡니다.

둘째, 선인장은 갑옷처럼 단단한 껍질을 두르고 있습니다. 몸속에 저장해 둔 물이 밖으로 빠져 나가는 것을 막기 위해서입니다.

셋째, 선인장을 뒤덮고 있는 가시는 놀랍게도 선인장의 잎입니다. 뜨거운 햇살을 받아 너무 많은 수분이 증발하는 것을 막기 위해 선인장 잎을 작고 좁게 만든 것인데, 그것이 차츰 가시로 변한 것이죠. 동물들에게 뜯기는 것을 막아 주는 효과도 있습니다.

유포르비아 트리고나 선인장

선인장은 식물 아코디언이에요.

공 같기도 하고 수박 같기도 한 우포르비아 오베사 선인장

선인장은 세로로 된 주름이 아주 많습니다. 이 주름으로 아코디언 악기처럼 자기 몸을 마음대로 줄였다 늘였다 합니다. 비가 올 때는 몸속에 물을 더 많이 저장하려고 주름을 활짝 펴고 또 비가 오랫동안 오지 않으면 주름을 잔뜩 지게 해서 몸통의 크기를 줄입니다. 그러면 햇볕을 덜 받아 더위를 이기는 데 도움이 됩니다.

전봇대보다 더 큰 거인 선인장

사구아로

키가 15미터나 되는 거인 선인장은 바로 사구아로입니다. 다 자란 사구아로는 그 무게가 10톤이나 나가지요. 그 무게의 대부분은 저장하고 있는 물의 무게입니다. 어때요, 사구아로 선인장이 얼마나 큰 물 탱크를 가지고 있는지 짐작이 가나요?

사구아로 선인장은 키가 1미터 자라는 데, 20년에서 25년이 걸립니다. 그렇다면 키가 15미터인 사구아로는 나이가 400살쯤 되었겠죠?

그런데 이처럼 덩

> 사구아로는 새들의 아파트입니다. 구멍을 파내면 더위를 피하는 데 그만이래요.

치가 큰 사구아로가 놀랍게도 뿌리는 길이가 겨우 6, 7센티미터랍니다. 어떻게 그 거대한 몸을 지탱할 수 있는 걸까요? 그 비밀은 사구아로가 뿌리를 매우 넓게 뻗기 때문이랍니다.

살아있는 물병, 바오밥나무

바오밥 나무

바오밥 나무는 호주나 아프리카 사막에서 볼 수 있어요. 큰 것은 키가 20미터이고, 나무 지름이 10미터나 됩니다. 밑이 항아리처럼 뚱뚱하고, 위로 가면서 가늘어지는 모양을 하고 있습니다. 특히 호주에서 자라는 바오밥 나무는 항아리 모양을 한 밑동이 아주 굵습니다. 이 이상하게 생긴 바오밥 나무는 생텍쥐페리의 동화《어린왕자》에 나오는 나무이기도 합니다.

바오밥 나무의 항아리처럼 생긴 나무줄기 안에는 많은 물이 들어 있습니다. 바오밥 나무가 있는 곳은 사막처럼 매우 덥고, 비가 자주 오지 않아요. 그래서 미리미리 물을 저장해 두는 것이랍니다. 사람들은 길을 가다가 목이 마르면, 바오밥 나무줄기에서 물을 뽑아 목을 축였다고 합니다.

아프리카 원주민들은 바오밥 나무에 구멍을 내어 그 안에서 살기도 했고, 때로는 그 안에 죽은 사람을 묻기도 했다고 합니다. 그리고 우리나라 반만년 역사와 같은 5000살이나 먹은 바오밥 나무도 있다고 하니 정말 놀랍지 않아요?

3. 식물도 숨쉬기 운동은 해요

촌뜨기 청개구리의 연못 구경

청개구리가 연못 위에 둥둥 떠다니는 개구리밥을 보며 피식 웃었어.

'사람들은 우리가 저 개구리밥을 먹고 사는 줄 안단 말이야! 개구리가 많이 사는 논이나 연못에서 흔히 볼 수 있어서 개구리밥이라 불리는 것도 모르고.'

청개구리는 연못 구경을 하러 나오는 길이었어. 어제 저녁에 이곳으로 처음 이사를 왔거든.

'반드시 멋진 신사처럼 굴어야 해! 연못에 사는 이웃들이 나를 촌에서 왔다고 무시하면 안 되니까!'

풍덩! 청개구리가 연못으로 뛰어들었어. 얼마 못 가서 청개구리는 처음 보는 꽃을 만났어. 예쁜 보랏빛을 띤 부레옥잠이었는데, 시골 논에서만 줄곧 살던 청개구리로서야 무슨 꽃인지 알 턱이 없었지. 그래서일까? 부레옥잠을 본 청개구리가 이렇게 말하지 뭐니.

"아이고, 잎자루 끝이 공처럼 탱탱 부어 있네! 얼핏 보기엔 멀쩡해 보이는데, 몸

쓸 전염병에 걸렸나 봐. 얼마나 아프면 뿌리째 둥둥 떠다닐까? 쯧쯧!"

멀쩡한 부레옥잠을 두고서 전염병에 걸렸다니! 부레옥잠이 알면 우스워서 죽겠다고 분명 야단법석을 떨 거야.

부레옥잠의 잎자루 끝에 공처럼 부푼 곳은 바로 공기를 저장해 두는 곳이야. 부레옥잠이 죽지 않고 물 위를 둥둥 떠다닐 수 있는 것도 바로 이 공기 주머니 덕분이지. 만일 이 공기 주머니가 없다면 물속에 가라앉을 거 아니냐? 그럼 햇빛을 못보고, 양분도 못 만들고, 숨도 못 쉬게 되거든.

청개구리가 이번에는 커다란 잎을 우산처럼 쓰고 있는 분홍빛 연꽃과 마주쳤어. 역시 처음 보는 꽃이었지. 둘은 반갑게 인사를 나눴어. 그런데 대뜸 연꽃이 이런 부탁을 하더래.

"제 주변에는 절대로 돌을 던지지 마세요. 그 돌에 우리 형제가 다칠 수도 있거든요."

"무, 물론이에요."

청개구리는 얼떨결에 대답하고는 연꽃을 떠났지. 그런데 갈수록 분한 마음이 들지 뭐야!

"에이, 그럼 내가 할 일 없이 돌이나 던질 개구리로 보인다는 거야, 뭐야? 촌에서 왔다고 무시하다니! 분이 안 풀리는데 돌이나 마구 던질까 보다!"

그 때였어. 빨간 불을 머리에 인 두꺼비가 어디론가 부리나케 헤엄쳐 가네!

"삐요 삐요! 119가 갑니다. 길을 비키세요!"

무슨 일인지 궁금해진 청개구리가 그 뒤를 따라갔어.

그런데 바로 그 연꽃한테 사고가 일어난 거야. 사람이 던진 돌멩이가 연잎 한가운데로 떨어진 거지. 제법 크고 넓적한 돌멩이여서 연잎이 곧 물에 가라앉을 것만 같았어. 두꺼비가 잽싸게 돌멩이를 치워 주지 않았더라면, 연꽃은 숨 막혀 죽었을지도 모른대. 공기 구멍이 막혀서 말이야.

그걸 지켜보던 청개구리는 속으로 끙끙 앓았지.

'거 참. 답답하네! 연꽃한테 무슨 구멍이 있어서 숨이 막힌다는 거지? 촌뜨기 티 나게 물어 볼 수도 없고……. 끙끙!'

그래도 겉으로는 다 아는 듯한 표정으로 연신 고개를 끄덕이고 있으니, 이 청개구리가 자존심 하나는 대단하다, 그렇지?

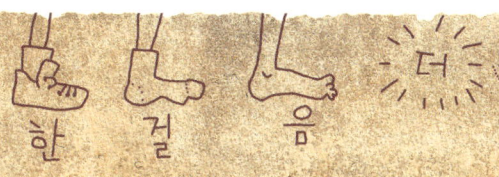
한 걸음 더

식물도 숨을 쉬나요?

식물도 동물처럼 숨을 쉬지 않고는 살아갈 수가 없습니다. 그래서 식물의 잎 뒷면에는 공기 구멍이 있습니다. 이 구멍이 바로 식물의 숨구멍입니다. 이와 달리 물에 사는 식물은 잎의 앞면에 공기 구멍이 있습니다.

그런데 식물의 숨쉬기는 낮과 밤이 틀리답니다. 낮에는 광합성을 하기 때문에, 이산화탄소를 마시고 산소를 내뱉습니다. 밤에는 광합성을 하지 않기 때문에 동물들처럼 산소를 마시고 이산화탄소를 내뿜습니다. 그러니 밤에는 화분을 방 안에 들여 놓지 않는 게 좋겠지요? 식물이 내뱉는 이산화탄소 때문에 방 안의 공기가 탁해지기 때문입니다.

낮에 광합성이 일어날 때의 기체의 출입

밤에 광합성이 일어나지 않을 때의 기체의 출입

연근에 구멍이 숭숭 뚫려있는 까닭은?

연근

연잎과 이어진 줄기를 자르면 굴처럼 뚫린 구멍이 있습니다. 이 구멍은 물 밑 진흙 속에 묻힌 커다란 줄기에까지 길게 이어져 있어요. 연은 이 구멍으로 숨을 쉬기 때문에 물속에서도 썩지 않습니다. 또 이 구멍으로 공기가 지나다니기 때문에 물 위에 둥둥 떠 있을 수 있습니다.

연뿌리를 반찬으로 먹을 때, 구멍이 숭숭 나 있는 것을 본 적이 있지요? 그 구멍이 바로 연의 숨구멍입니다. 그런데 사실 우리가 먹는 연근은 뿌리가 아니라, 땅 속에 묻힌 연의 줄기입니다.

나도 물에 사는 식물이야!

원래 식물은 물에서 생겼습니다. 그러다가 차츰 땅 위로 올라와 오늘날처럼 땅에 사는 식물들로 변하게 된 것입니다. 그 가운데 어떤 식물들은 다시 물로 돌아갔습니다.

물 위에 떠서 사는 부레옥잠과 개구리밥, 물

물가에서 흔히 보는 애기부들

속에 사는 물수세미와 검정말이 바로 그렇습니다. 또 잎만 물 위에 뜨는 수련, 마름, 가래, 그리고 물가에 자라는 갈대와 애기부들도 다시 물로 돌아간 식물이라고 합니다.

작은 물고기를 잡아먹는 통발

물에 사는 통발이라는 식물이 있습니다. 통발은 물 위로 줄기를 뻗어 노란 꽃을 피우고 잎은 물속에만 있습니다. 잎에는 속이 빈 작은 공기 주머니들이 달려 있는데 통발이 물 속에 가라앉지 않고 떠 있는 것도 바로 이 공기 주머니 덕분입니다. 공기 주머니에는 자동문처럼 열리고 닫히는 문이 있습니다. 그래서 물에 사는 곤충이나 작은 물고기가 그 근처를 지나가면, 재빨리 공기 주머니의 문을 열고 빨아들여서 잡아먹는다고 합니다. 그래서 물속에 사는 곤충이나 작은 물고기에게는 통발의 공기 주머니가 무시무시한 적입니다.

통발

4. 숲은 왜 푸를까?

파리지옥에서 생긴 일

우리는 이제 막 결혼한 나비 신혼 부부였어. 결혼식 뒤에 우린 멋진 바닷가로 신혼여행을 가려고 공항에서 아무 비행기나 잡아탔지. 물론 사람들 몰래! 우리는 아름다운 나비니까.

도착한 곳은 북아메리카의 노스캐롤라이나 바닷가였어. 우리는 그 바닷가의 경치에 넋을 잃었지. 참 멋졌거든.

바닷가에 도착하고 쉴 곳을 찾는데, 때마침 적당한 식물이 눈에 띄더군. 잎이 열린 조개처럼 생긴 식물이었지.

"오, 내 사랑! 저 곳에서 첫날밤을 보냅시다."

우리는 서로의 손을 꼭 잡고 그 잎 안에 사뿐히 들어왔단다. 그런데 글쎄, 그 조개처럼 생긴 잎이 우리를 재빨리

옥죄어 오는 게 아니겠니? 얼마나 놀랐는지!

"난 파리지옥이다! 벌레들을 잡아먹는 식물이지."

"우리는 신혼여행을 왔어요. 제발 살려 주세요. 엉엉엉!"

"아직 첫날밤도 지내지 못했단 말이에요. 이렇게 죽는 건 너무 억울해요, 억울해!"

우리는 마구 몸부림치며 소리쳤어. 그런 우리가 안 돼 보였는지, 파리지옥이 그러더군.

"그렇다면 수수께끼를 하나 낼 테니, 맞춰 봐! 맞추면 살려 준다! 그런데 이제껏 정답을 맞힌 벌레는 아무도 없었지. 이 답은 오십 살 먹은 방울뱀만 알거든! 흐흐흐!"

그러고는 이렇게 묻는 거 있지?

"숲이 왜 푸른지 대답해 봐!"

어휴, 그 때는 참 기막히더라고, 그런 고약한 문제가 어디 있나 싶었거든. 하느님이 숲을 그렇게 만든 건데, 우리가 어떻게 알겠어.

그 때, 내 아내가 이렇게 말하는 거야!

"당신이 너무 무서워서 아무 생각도 나지 않아요. 그러니 내 남편을 한 시간 동안 풀어 주고 답을 생각하게 해 주세요. 물론 그 동안 나는 여기에 남아 있겠어요."

그러자 파리지옥이 크게 웃더군.

"하하하, 좋아. 네 남편이 안 돌아온다 해도 난 상관없어. 통통한 너 하나만 먹어도

숲은 왜 푸를까 · 27

되니까!"
나는 화가 나서 소리쳤지.
"날 뭘로 보는 거야! 자기야, 정답을 꼭 알아 올 테니, 기다려요!"
그러고는 물어물어 가장 지혜롭다는 뱀을 찾아갔어. 뱀이 이렇게 대답해 주었어.
"숲이 푸른 건 엽록체 때문이지!"
"네? 그게 무슨 말이에요?"
"식물의 잎에는 엽록체라는 게 있어. 엽록체는 식물이 광합성을 하는 데 꼭 필요한 것이지. 엽록체에는 햇빛을 받으면 녹색을 띠는 엽록소라는 색소가 있는데, 잎이 푸른 것도 바로 그 때문이야."
"그러면 광합성은 뭔가요?"
"광합성이란 식물이 햇빛을 이용하여 살아가는 데 필요한 양분을 만들어 내는 일이지. 자네도 식물이 광합성을 하는 덕택에 맛있는 꿀을 먹지 않나? 식물의 도움을 받고 살면서 여태 그런 것도 몰랐다니, 쯧쯧!"
뱀이 내게 핀잔을 주고는 가 버리더군. 어쨌든 난 정답을 알아냈잖아!
"야호! 사랑하는 신부야, 내가 간다!"
나는 신이 나서 한달음에 '쌩' 하니 파리지옥한테 날아갔지. 그렇게 해서 우리는 파리지옥에게서 풀려 나올 수 있었단다. 덕분에 지금 우리는 아기가 태어나기를 바라며 행복하게 살고 있어.

식물의 멋진 마술, 광합성!

식물의 뿌리는 흙에서 물을 빨아들입니다. 그리고 줄기를 통해 물을 잎으로 보냅니다. 또 잎은 낮에 공기에서 이산화탄소만을 빨아들입니다.

잎은 이렇게 얻은 물과 이산화탄소로 마술을 부립니다. 햇빛을 이용해서 물과 이산화탄소를 녹말과 산소를 바꾸는 것입니다. 이것이 바로 광합성입니다. 광합성은 잎이 가지고 있는 엽록체 때문에 일어나는 것입니다.

이와 같이 식물은 자신에게 필요한 양분인 녹말을 스스로 만들어 꽃을 피우고 열매를 맺습니다. 식물이 낮에 잎 밖으로 내보내는 산소는 광합성을 하면서 생기는 찌꺼기인 셈입니다. 하지만 이렇게 생긴 산소는 동물이 살아가는 데 없어서는 안 될 소중한 것입니다.

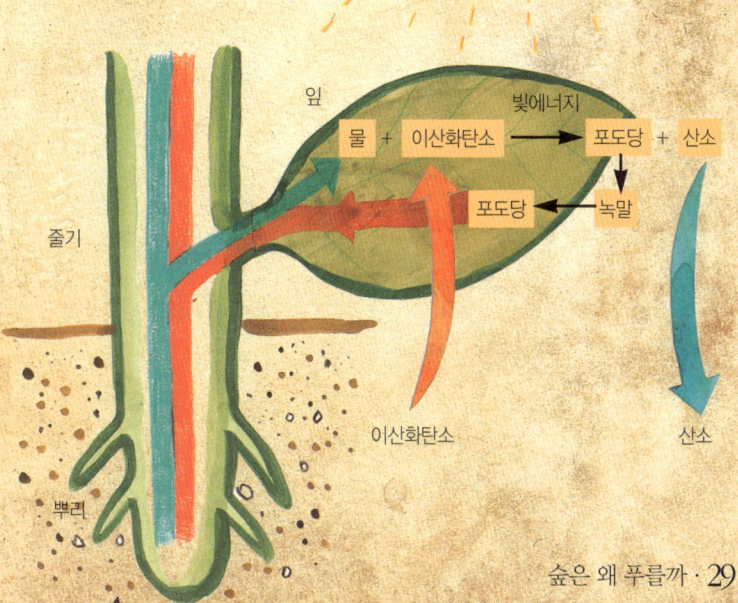

어느 날 갑자기, 식물이 사라져 버린다면?

만일 식물이 모두 사라지면, 지구는 어떻게 될까요?

얼마 못 가 모든 동물은 숨이 막혀 죽게 될 것입니다. 왜냐 하면, 식물 말고는 아무도 산소를 만들지 못하기 때문입니다. 또 먹을 것이 없어 큰 혼란을 겪게 될 것입니다. 햇빛을 이용해서 스스로 양분을 만드는 생명체는 식물 말고는 없는데 식물들이 사라졌으니 동물들도 모두 굶어 죽을 것입니다. 그렇게 된다면 사람도 더 이상 살 수 없어 아름다운 별 지구는 생명이 없는 슬픈 별로 남을 것입니다. 그러니 식물이 얼마나 고마운 생명체인지 알 수 있겠죠?

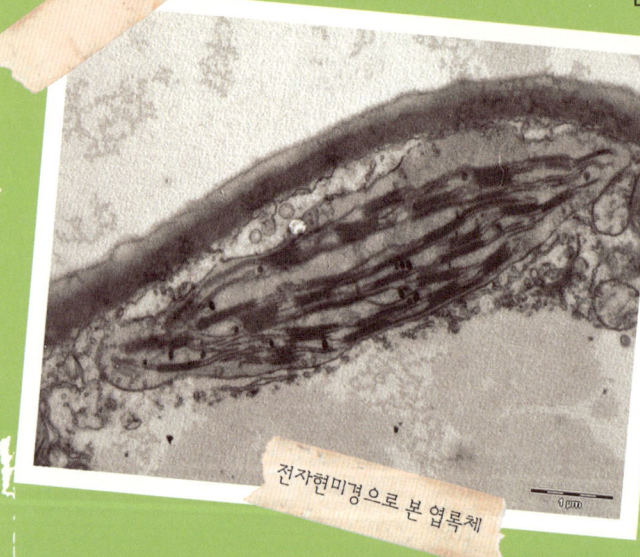
전자현미경으로 본 엽록체

사람 몸속에도 식물이 산다고요?

우리 몸속에 식물이 산다니, 어리둥절하지요? 사람 몸속에서 풀이나 나무가 어떻게 자란다는 것인지, 상상하기가 어려울 것입니다.

우리 몸속에서 살고 있는 식물은 바로 박테리아입니다. 다른 말로 세균이라고도 합니다. 사실 세균은 완전한 식물이라고는 볼 수 없지만, 동물보다는 식물에 더 가깝습니다. 우리가 잘 알고 있는 요구르트의 유산균, 대장균도 우리 몸속에 살고 있는 식물인 셈입니다.

세균은 땅 속이나 물 속 또는 공기 속 그 어디에나 살고 있습니다. 그런데 모두 아주 작아서 우리 눈에는 전혀 보이지 않습니다. 병을 일으키는 콜레라균, 티푸스균, 디프테리아균도 모두 세균입니다. 하지만 이들 세균은 우리 몸에 해를 입히는 병원균입니다. 이처럼 세균은 사람에게 도움을 주는 것도 있고, 해를 끼치는 것도 있습니다.

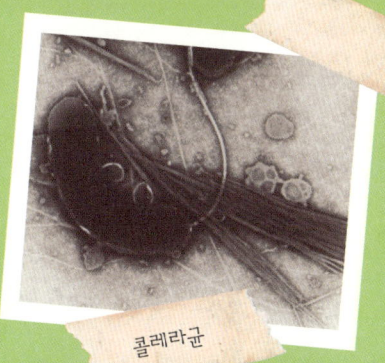
콜레라균

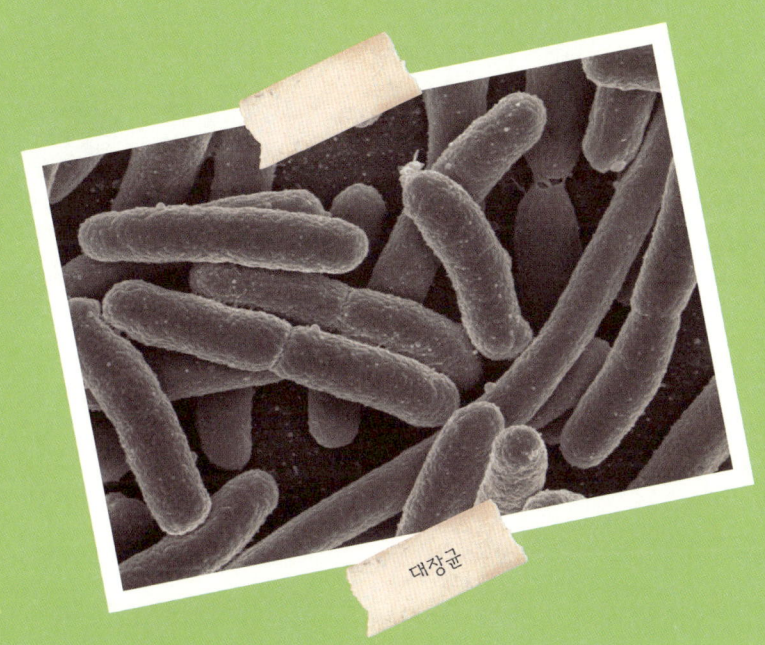
대장균

5. 식물의 뿌리와 줄기가 하는 일

짝사랑에 빠진 진달래

숲속에서 진달래가 사랑에 빠졌다는 소문이 자자했어요.

"그 얘기 들었니? 진달래가 방울새를 짝사랑한대!"

모두 말도 안 된다며 쑥덕거렸습니다. 하지만 진달래의 사랑은 변함없었지요.

"오, 날개가 있다면 방울새님이 계신 곳을 찾아갈 텐데!"

진달래는 방울새가 보고 싶어 미칠 것 같았습니다. 자신을 땅속에 붙박아 놓은 뿌리가 원망스러울 뿐이었어요.

그러던 어느 날 밤, 숲 속의 마법사 박쥐가 진달래를 남몰래 찾아왔습니다.

"네 잎을 날개로 만들어 주지. 대신 너는 나에게 무엇을 줄 테냐?"

"제가 줄 수 있는 거라면 뭐든지 드리겠어요."

"음, 난 네 뿌리가 필요해. 내 취미가 식물의 뿌리를 모으는 것이거든."

"그거라면 드리지요. 날개가 생기면 어차피 뿌리는 필요가 없잖아요. 난 더 이상 흙 속에 박혀 있지 않을 테니까요."

진달래는 기꺼이 뿌리를 내놓기로 했습니다.

마법사 박쥐가 주문을 외웠습니다. 그러자 진달래 잎들이 푸른 날개로 멋지게 바뀌었습니다. 그리고 진달래의 뿌리는 어느 새 박쥐의 등에 짊어져 있었습니다.

"아. 참. 네가 짝사랑하는 방울새는 얼마 전에 아주 멀리 이사를 갔어. 강을 세 번 건너면 만날 수 있을 거야. 그럼, 안녕!"

"강을 세 번만 건너면 된다고? 빨리 가야지. 방울새님이 내 날개를 보면 홀딱 반할 거야!"

진달래가 하늘을 날기 시작했습니다. 날갯짓을 할 때마다 푸른색을 띤

날개가 햇빛에 반짝여, 매우 아름다웠습니다.

그렇게 강을 하나 건넜습니다.

"아휴, 목말라! 물을 먹어야지."

진달래는 강에서 물을 마시기로 했습니다. 하지만 뿌리를 마법사에게 주어 버렸기 때문에, 물을 마실 수가 없었습니다.

"이를 어쩌나? 뿌리가 없으니 물을 마실 수가 없네? 그럼, 목욕이라도 해야지."

진달래는 물을 못 먹는 대신 강에다 몸을 푹 담갔습니다. 그러고는 다시 두 번째 강을 향해 날기 시작했습니다.

그런데 얼마 지나지 않아 배가 몹시 고팠습니다. 진달래는 머리를 갸웃거렸습니다.

"어, 이상하네. 왜 배가 고프지? 잎이 날개로 변했어도 엽록체는 그대로 있으니까 광합성을 할 수 있을 텐데……."

마침내 진달래는 더 이상 하늘을 날지 못하고 땅으로 떨어지기 시작했습니다. 그 순간 퍼뜩 드는 생각이 있었습니다.

'맞아! 광합성을 하는 데는 반드시 물이 있어야 하지! 아아, 내가 왜 뿌리의 소중함을 깨닫지 못했을까?'

그제야 진달래는 박쥐에게 뿌리를 내준 것을 후회했습니다.

'쿵'. 이윽고 진달래가 땅으로 떨어졌습니다.

"이제 강 하나만 더 넘으면 방울새님을 만나게 되는데……."

진달래는 안타까운 듯이 중얼거렸습니다. 그러고는 다시 움직이지 않았습니다.

식물의 몸은 어떻게 이루어져 있나요?

동물 몸은 머리, 몸통, 다리로 이루어져 있어요. 그렇다면 식물의 몸은 어떨까요?

식물의 몸은 크게 잎과 줄기, 뿌리로 나뉘어 있습니다. 그런데 어떤 식물은 이 세 가지 말고도 꽃까지 가지고 있습니다. 또 어떤 식물은 줄기와 잎, 뿌리가 한 덩어리로 이루어져 있습니다.

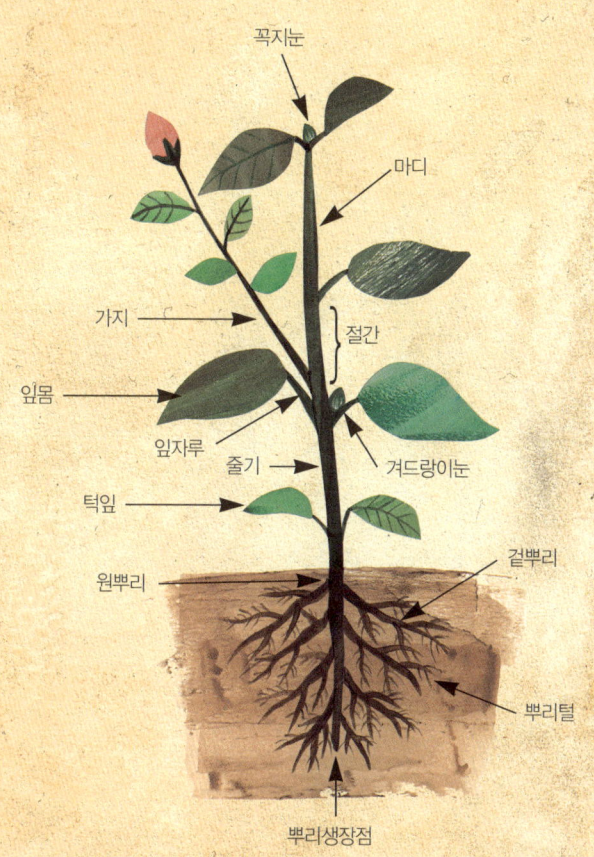

줄기는 식물의 뼈대래요.

잎이나 꽃은 모두 줄기에 달려 있지요. 이처럼 줄기는 잎과 꽃을 튼튼히 받쳐 주는 일을 합니다. 그래야 잎과 꽃이 햇빛을 충분하게 받을 수 있기 때문입니다.

줄기가 없다고 생각해 보세요. 그러면 잎과 꽃이 한꺼번에 뿌리 위쪽에 달려 있겠지요? 마치 콩나물시루처럼 잎과 꽃이 빽빽이 들어찬 채로 말입니다. 그러면 햇빛을 골고루 받지 못해서 곧 시들하고 말 것입니다.

뿌리가 하는 일이 뭐예요?

오랜 세월이 지나 모습을 드러낸 뿌리의 모습

잎식물은 아무리 세찬 비바람이 몰아치더라도 웬만해서는 쓰러지지 않습니다. 땅 속에 뻗어 있는 뿌리가 흙을 단단히 움켜쥐고 있기 때문입니다. 식물이 땅 위에 튼튼히 서 있는 것은 바로 땅 속에 있는 이 뿌리 덕분입니다.

그런데 뿌리를 잘 살펴보면, 뿌리에

털처럼 가늘고 약한 것이 달려 있는 것을 볼 수 있습니다. 이것을 뿌리털이라고 합니다. 뿌리털은 땅 속에 있는 물과 영양분을 빨아들이는 일을 합니다.

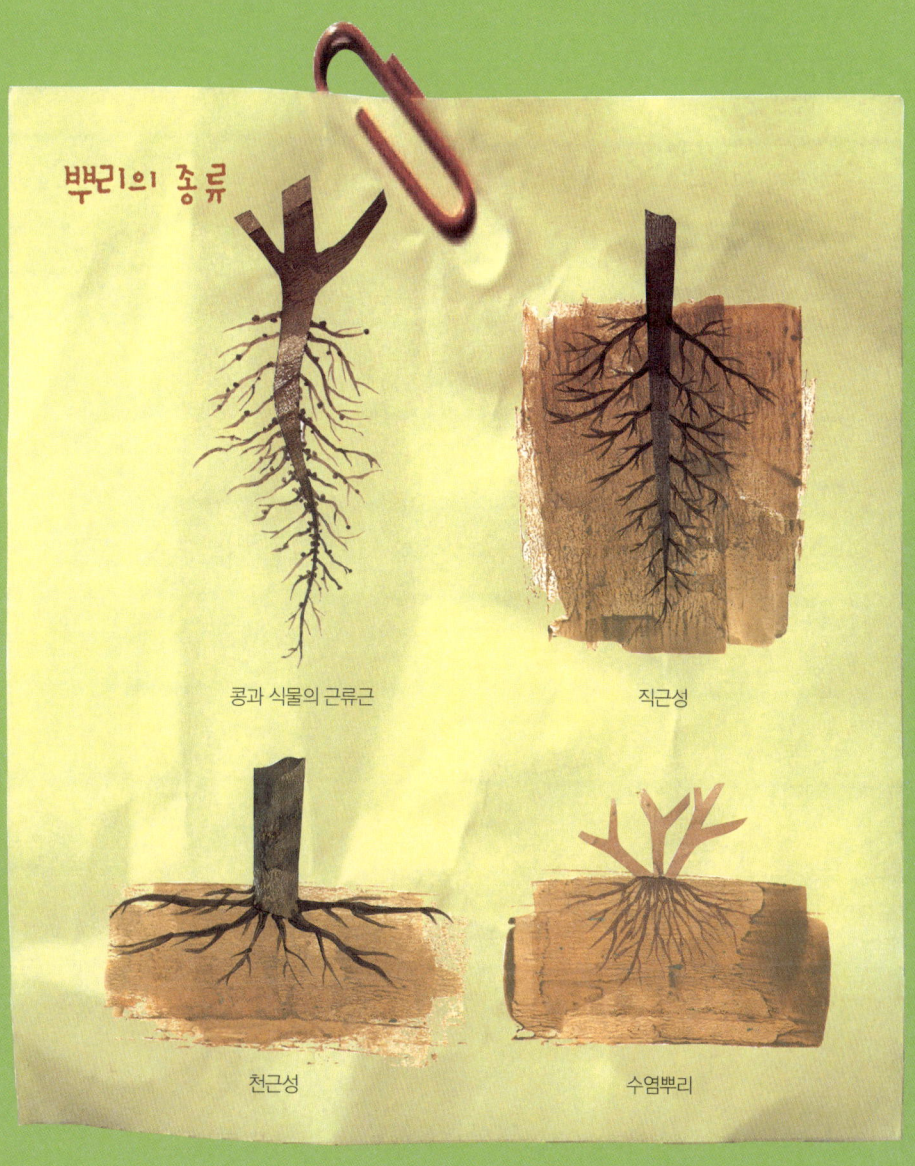

뿌리의 종류

콩과 식물의 근류근

직근성

천근성

수염뿌리

6. 벌레잡이 식물도 있어요

파리를 잡아먹는 끈끈이주걱

햇볕이 쨍쨍한 한낮이었어요. 파리 아가씨와 파리 신사가 산책을 나갔답니다.

"이 꽃 좀 보세요. 어쩌면 이렇게 아름다울까요?"

파리 아가씨가 노란 해바라기를 가리키며 말했습니다.

"그렇군요. 하지만 당신만큼은 아니라오."

파리 신사가 머리를 흔들며 대답했습니다. 그러자 파리 아가씨는 얼굴을 붉힌 채 행복한 표정으로 웃었습니다.

즐겁게 이야기를 나누며 가다가, 둘은 늪을 만났습니다. 그 때, 파리 아가씨가 깜짝 놀라며 말했습니다.

"어머, 저기 좀 보세요! 저 장밋빛의 예쁜 구슬을 달고 있는 것 말이에요.

마치 다이아몬드 왕관이라도 쓰고 있는 것 같잖아요! 아이, 예뻐라! 저 장밋빛 구슬, 하나만 따 주시겠어요?"

"좋소. 사람들은 사랑하는 이에게 사랑의 증표로 반지나 목걸이를 준다더군요. 내가 저 구슬을 따서 당신의 고운 목에 걸어 주리다!"

"고마워요, 하지만 개구리나 두꺼비를 조심하셔야 해요!"

"걱정 마오! 내 곧 다녀오리다!"

파리 신사는 그 이름 모를 식물에게 날아갔습니다. 그런데 이게 어찌된 일입니까? 파리 신사가 갑자기 비명을 질렀습니다.

"아이고, 파리 살려!"

깜짝 놀란 파리 아가씨가 가까이 다가가 살펴보니, 그 이름 모를 식물이 주걱 모양의 잎으로 파리 신사를 휘감아 꽉 조이고 있었습니다. 게다가 끈끈한 즙을 내뿜어 파리 신사를 녹이고 있었습니다.

"당신은, 피해요! 어서 피해! 으아악!"

"아이, 어떡해. 어떡해."

파리 아가씨는 어쩔 줄 몰라 발을 동동 구를 뿐이었습니다. 어느

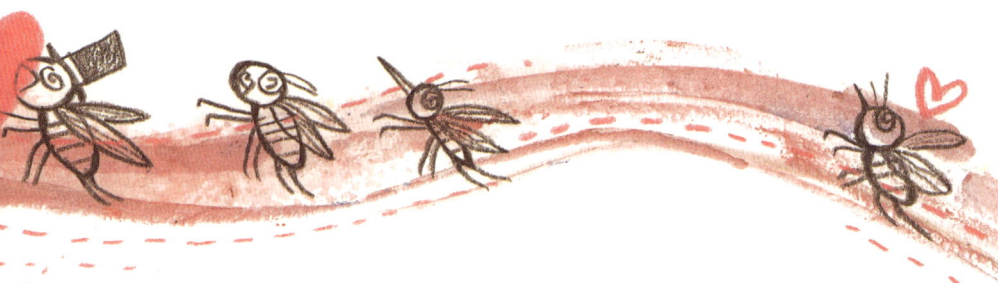

새 파리 신사는 목숨을 잃고, 그 모습이 사라져 버렸습니다. 그 이름 모를 식물에게 잡혀 먹힌 것이지요.

"흑흑, 나 때문이야! 내가 그 구슬을 따 달라고 하지 않았더라면!"
파리 아가씨는 그만 정신을 잃어버렸습니다. 그 때, 지나가던 모기 아줌마가 무슨 일인가 하고 날아왔어요.
"이봐요, 아가씨! 정신 차려요! 무슨 일이 일어났나요?"
겨우 정신을 차린 파리 아가씨가 모기 아줌마에게 방금 일어난 일을 들려주었지요.
"이크, 저런 저런! 끈끈이주걱에게 당했군, 그래! 저것은 파리나 모기 같은 곤충을 잡아먹는 무서운 식물이야. 저 예쁜 구슬이 실은 끈끈한 물방울인데, 바로 벌레 잡는 덫이야. 나도 하마터면 당할 뻔 했어."
"식물도 이런 무시무시한 것이 있군요?"
파리 아가씨는 아직도 자기가 겪은 일이 믿기지 않는 듯 물었어요.
"그래요. 또 벌레잡이통발도 있는데, 그것도 조심해야 돼! 벌레잡이통발은 기다란 항아리를 짊어지고 있어. 그 입구에는 꿀샘이 있어서 몹시 달콤한 냄새를 피우지. 곤충을 항아리 안으로 꼬실려고 말이야. 항아리 안에는 우리 몸을 녹이는 무서운 액이 가득 들어 있거든. 항아리가 큰 벌레잡이통발에는 쥐나 개구리, 심지어 새까지 빠져 죽는 경우도 있다니까!"
"아이, 무서워! 알려 주셔서 고마워요!"
파리 아가씨는 벌벌 떨며 재빨리 늪을 빠져 나갔습니다.

벌레잡이 식물은 벌레만 먹고 사나요?

벌레잡이 식물도 다른 식물처럼 스스로 양분을 만듭니다. 그러면서도 벌레를 잡아먹는 까닭은 무엇일까요?

그것은 벌레잡이 식물이 습지에서 살기 때문에 그렇답니다. 습지에는 물기는 많지만, 질소나 인, 무기질 같은 양분이 부족합니다. 질소나 인은 식물의 몸에 없어서는 안 될 매우 중요한 양분입니다. 그래서 벌레잡이 식물은 부족한 영양분을 보충하려고 벌레를 잡아먹는 것이랍니다.

커다란 꿀단지가 있는 벌레잡이통발(네펜데스)

끈끈이주걱은 지능도 아주 높아요.

끈끈이주걱

저 장밋빛 구슬이 벌레를 잡는 덫이래요.

끈끈이주걱은 단추나 동전에는 아무런 반응을 보이지 않습니다. 질소와 인을 가지고 있는 벌레나 쇠고기 조각만 귀신같이 덥석 움켜잡습니다. 이만하면 끈끈이주걱은 머리도 상당히 뛰어나다고 볼 수 있겠지요?

벌레잡이 식물은 모두 두 가지 공통된 특징을 가지고 있습니다. 벌레들이 좋아하는 냄새를 피운다는 것과, 잡아들인 벌레를 끈끈한 소화액으로 녹여서 먹는다는 것입니다.

사람을 잡아먹는 무서운 식물도 있을까요?

끈끈이주걱, 벌레잡이통발, 파리지옥은 대표적인 벌레잡이 식물입니다. 우리나라에도 벌레잡이 식물이 열두 종류가 살고 있습니다. 남한에서 발견된 것은 끈끈이주걱, 끈끈이귀개, 통발, 땅귀개, 벌레잡이 제비꽃 등 일곱 가지입니다.

요조숙녀처럼 다소곳한 벌레잡이 제비꽃

다행스럽게도 사람이나 동물을 잡아먹을 만큼 큰 벌레잡이 식물은 없습니다. 하지만 오랜 세월이 흐르면 냉장고만큼 큰 벌레잡이 식물이 생길 수도 있습니다. 어휴, 정말 생각만 해도 끔찍한 일이지요?

용의 피가 나오는 신비한 나무

호주에 있는 시드니 국립 식물관에 가면 용혈수라 불리는 나무가 있습니다. 용혈수란 '용의 피가 나오는 나무' 라는 뜻입니다.

이 나무에서는 신비하게도 붉은색의 끈끈한 진이 나옵니다. 마치 나무가 붉은 피를 흘리는 것처럼 말입니다. 그래서 옛날 사람들은 용혈수의 진을 용의 피라고 생각했나 봅니다. 용혈수의 붉은 진은 옛날에 미라를 만드는 데 쓰였는데 오늘날에도 썩는 것을 막는 재료로 널리 쓰입니다.

용혈수는 세상에서 가장 오래 사는 식물이기도 합니다. 기록으로는 오천 년을 산 용혈수가 있었다고 전합니다. 그래서 아프리카의 카나리 섬에 사는 토인들은 용혈수를 묘지 지키는 나무로 삼았다고 합니다.

용혈수

큰 용혈수는 키가 20미터에 이르고 줄기 지름도 5미터나 되니, 참 어마어마하지요? 용혈수는 세쿼이아, 유칼리투스와 더불어 세계에서 가장 큰 나무에 속합니다.

7. 남에게 빌붙어 사는 얌체 식물

드라큘라 식물, 라플레시아

저승에서 재판이 시작되었습니다. 식물들은 콩닥콩닥 가슴이 뛰었답니다. 그 동안 남에게 해를 끼치는 일을 하지 않았는지, 저마다 가슴이 조마조마했던 거예요.

"라플레시아, 나와라!"

저승 판사가 위엄 있게 말했습니다. 그러자 라플레시아가 8킬로그램이 넘는 거대한 덩치를 이끌고 질질 기어 나왔습니다.

겁에 잔뜩 질린 라플레시아는 어깨를 조아리며 말했습니다.

"아이고, 재판관님! 저는 아무 죄도 없습니다. 그저 열심히 살았을 뿐이에요!"

"두고 보면 밝혀질 터! 저승 검사, 이 식물의 죄가 무엇이기에 고발한 것이오?"

재판관이 저승 검사에게 물었습니다.

"예, 이 식물은 행실이 아주 나쁩니다. 이 식물의 죄를 하나하나 밝혀 내 보겠습니다!"

저승 검사가 숨을 한 번 내쉬더니 말을 이었습니다.

"라플레시아를 보십시오. 이 식물은 잎과 줄기가 없습니다. 그 대

신 꽃만 어마어마하게 크지요. 지름이 100센티미터가 넘습니다. 얼굴 꾸미는 데만 모든 걸 쏟았던 거죠. 그러고는 다른 식물의 뿌리에 달라붙어서 양분과 물을 빼앗았습니다. 라플레시아가 기생했던 덩굴 식물을 증인으로 부르겠습니다."

덩굴 식물인 리아나가 나왔습니다. 리아나는 병든 것처럼 야윈데다가 잎도 노르스름했지요. 리아나의 어깨는 축 처져 있었어요.

"흑흑흑! 전 한평생 일만 했습니다. 그런데 제가 일해서 얻은 양분의 절반 이상을 라플레시아가 빼앗아 갔어요. 전 라플레시아의 노예나 다름없었어요!"

리아나가 흐느끼며 겨우 말을 마쳤습니다.

"그렇습니다. 라플레시아에게 양분과 수분을 빼앗긴 리아나는 영양실조에 걸리기까지 했습니다. 그러니 라플레시아를 식물 세계의 드라큘라라고 해도 지나친 말이 아닙니다!"
저승 검사가 말을 끝내자, 여기저기서 라플레시아를 욕하는 소리가 들려 왔습니다.
"저런 저런, 정말 못되고 게을러빠진 놈이야!"
"그러게 말이야! 남이 열심히 일해서 만든 양분을 도둑질하다니!"
그런데 갑자기 라플레시아가 부들부들 떨면서 이렇게 외쳤어요.
"그렇게 생겨 먹은 걸 어떡하란 말이에요? 난들 뭐 그렇고 싶어서 그랬나요? 그리고 왜 나만 나쁜 놈이라는 거예요? 정말 억울해요!"
"억울하다고? 무엇이 억울한지 말해 보거라!"
저승 판사가 라플레시아에게 변명할 기회를 주었습니다.
"리아나는 다른 식물을 감고 올라가 얹혀살잖아요. 그건 다른 식물에게 피해를 주는 일이 아닌가요? 제가 듣기로는 리아나 같은 덩굴 식물이 염치없게도 잎을 무성하게 키우는 바람에 다른 식물이 햇빛을 받지 못해 죽었다고 하던데요."
그러자 담쟁이덩굴이 벌떡 일어나 말했어요.
"그건 어쩌다 일어난 사고일 뿐이에요. 우리는 라플레시아처럼 다른 식물의 양분을 빼앗지는 않아요. 그저 도움을 받을 뿐이지요."
"자! 조용 조용. 이제 1차 재판을 마치겠소. 라플레시아의 죄는 2차 재판에서 판결하겠소."
땅! 땅! 땅! 결국 1차 재판은 이렇게 끝나고 말았군요. 그런데 라플레시아는 2차 재판에서 과연 어떤 판결을 받게 될까요?

한 걸음 더

도둑 식물? 기생 식물!

식물들 가운데는 다른 식물에 빌붙어서 살아가는 것도 있습니다. 스스로 양분을 만들지 않고 다른 식물의 양분을 훔쳐 먹는 거지요. 이런 식물을 기생 식물이라고 합니다.

겨우살이나 실새삼처럼 식물의 줄기에 기생하는 것도 있고, 야고, 수정초, 라플레시아처럼 뿌리에 기생하는 것도 있습니다. 이들 기생 식물은 굳이 햇빛이 필요 없기 때문에 대부분 그늘에서 삽니다.

다른 식물의 줄기에 붙어 양분을 훔치고 있는 노란 실새삼

나무 줄기에 붙어사는 겨우살이

드라큘라 식물, 라플레시아

다른 식물에 붙어사는 리아나는 기생식물이 아닌가요?

정글의 왕자 타잔이 이 나무에서 저 나무로 옮겨 다닐 때 이용한 밧줄이 뭔지 아세요? 바로 밧줄처럼 꼬인 덩굴 식물 리아나입니다.

리아나는 다른 나무 위에서 싹을 틔어 땅에 뿌리를 내리는 식물입니다. 하지만, 기생 식물처럼 다른 식물의 양분을 빼앗지는 않고, 스스로 양분을 만들어 자랍니다. 이처럼 다른 식물에게 해를 끼치지 않고 살짝 기대기만 하는 식물을 착생 식물이라고 합니다. 그러니까 다른 식물에 붙어산다고 해서 모두 기생 식물은 아니에요.

세상에서 가장 큰 꽃은 가장 염치없는 꽃!

세상에서 가장 큰 꽃은 지름이 100센티미터나 되는 라플레시아입니다. 이 꽃은 동남아시아의 보르네오 섬이나 수마트라 섬의 정글에서 볼 수 있습니다. 잎과 줄기가 없고 다른 덩굴 식물의 뿌리에 붙어삽니다. 그리고 고기 썩는 냄새를 풍겨 파리를 끌어들입니다.

그러고 보니 라플레시아는 참 염치없는 식물이네요. 다른 식물의 양분을 빼앗아 먹으면서 세계에서 가장 큰 꽃을 피우니 말이에요. 게다가 무게는 8킬로그램이나 나가요.

라플레시아

> 꽃잎처럼 보이는 게 사실은 꽃받침이니까 속지 마세요.

재미있는 식물 기네스 열 가지

1. 세계에서 가장 큰 나무는? : 미국 캘리포니아에서 자라는 세쿼이아 삼나무! 키가 80미터가 넘어요. 이 나무는 2000년이나 살 수 있습니다.
2. 세계에서 몸무게가 가장 많이 나가는 나무는? : 무게가 6000톤인 세쿼이아 삼나무! 이 나무를 실어 나르려면 3톤 트럭 2000대가 필요합니다.
3. 세계에서 가장 작은 나무는? : 눈버드나무, 키가 겨우 몇 센티미터에 불과하고 줄기는 연필심만큼 가늘어요. 얼음 덮인 북극의 바위틈에서 자랍니다.
4. 세계에서 가장 작은 꽃은? : 브라질에 사는 좀개구리밥의 꽃. 꽃의 넓이가 1밀리미터밖에 안 됩니다.
5. 세계에서 가장 큰 열매는? : 큰열매 야자나무의 열매. 열매 하나가 18킬로그램까지 나가는 것도 있습니다.
6. 세계에서 가장 빨리 자라는 식물은? : 대나무. 하루에 90센티미터까지 자랍니다.
7. 세계에서 가장 큰 잎은? : 아프리카에 있는 라피아 야자나무. 잎 길이가 무려 25미터나 됩니다. 아프리카인들은 이 잎으로 바구니와 돗자리, 모자 등을 짭니다.
8. 우주여행을 나간 최초의 식물은? : 아라비돕시스. 1982년에 소련에서 발사된 살류트 7호를 타고 우주로 나갔습니다.
9. 세계에서 가장 큰 꽃은?
10. 세계에서 가장 나이테가 많은 나무는?

아라비돕시스

※ 9번과 10번은 여러분이 답을 찾아보세요. 이 책 속에 답이 나와 있습니다.

8. 나팔꽃은 왜 칭칭 감고 기어오를까?

나팔꽃 귀신과 오이 귀신

햇볕이 쨍쨍 내리쬐는 날, 철이와 민수가 공터에서 칼싸움 놀이를 했습니다.

"얏! 얏!"

"챙! 챙!"

마치 진짜로 칼을 휘두르는 듯, 몸을 흔들며 철이와 민수가 입으로 칼 소리를 냈습니다. 그런데 얼마 못 가 민수가 바닥에 털썩 주저앉았습니다.

"에이, 칼이 없으니까, 시시하다. 폼도 하나 안 나잖아."

"맞아, 막대기 같은 거라도 휘둘러야, 칼싸움 맛이 나는데."

철이도 같은 생각이라며 고개를 끄덕였습니다. 두 아이는 주변을 두리번거리다가, 나영이네 할머니가 가꾸는 텃밭에 눈이 멈췄습니다. 텃밭에는 기다란 나무 막대기들이 세워져 있는데 오이와 나팔꽃이 그 막대기에 기대어 자라고 있었습니다.

"와, 저거다!"

두 아이는 재빨리 달려가 막대기를

하나씩 뽑았습니다. 그러고는 날이 어두워질 때까지 챙챙 칼싸움을 벌였습니다.

그 날 밤입니다. 철이는 무서운 꿈을 꾸었습니다. 꿈속에 나팔꽃 귀신과 오이 귀신이 나타난 것입니다.

"흐흐, 네가 우리 다리로 칼싸움을 했지?"

"흐흐, 우리도 네 다리로 신나게 칼싸움을 할 테다. 그러니 어서 네 다리를 내놔라!"

두 귀신이 철이를 무섭게 노려보며 말했습니다.

"저, 저, 전, 귀신님 다리로 칼싸움을 하지 않았어요. 나무 막대기로 했단 말이에요. 그러니 내 다리를 가져가면 안 돼요."

철이가 덜덜 떨며 겨우 대답했습니다.

"흐흐, 네가 뭘 모르나 본데, 그 나무 막대기가 바로 우리 다리였어. 그 막대기는 나영이네 할머니께서 우리가 튼튼하게

자라라고 일부러 세워 주신 거였지.”

"우리 같은 덩굴 식물은 줄기가 가늘고 힘이 없어서 똑바로 서 있지 못해. 그래서 다른 식물의 줄기나 나무 막대기를 받침대로 삼는 거라고. 그런데 네가 우리 막대기를 가져가 버렸잖아!"

나팔꽃 귀신과 오이 귀신이 번갈아 말했습니다. 그러더니 잠시 후 똑같이 이렇게 말을 했습니다.

"자, 이제 네 다리를 가져가도 되겠지? 우리도 네 다리로 칼싸움을 할 거야!"

"안 돼요, 안 돼요!"

철이가 발버둥 치다가 잠에서 깨었습니다. 얼마나 놀랐는지 이마에 땀방울이 송골송골 맺혀 있었습니다. 날이 훤히 밝았습니다.

철이는 자리에서 벌떡 일어나 공터로 뛰어갔습니다. 민수도 헐레벌떡 공터로 뛰어오고 있었습니다. 두 아이는 서로 눈이 마주쳤습니다.

"너도?"

"그럼, 너도?"

두 아이는 누가 먼저랄 것도 없이 땅바닥에 놓여있는 나무 막대기를 주웠습니다. 그리고는 처음 있던 자리에 세워 놓았습니다.

"나팔꽃아, 오이야! 어제는 미안했어. 용서해 줘."

두 아이는 나팔꽃과 오이에게 진심으로 사과했습니다. 그러니 이제 나팔꽃 귀신과 오이 귀신이 두 사람의 꿈속에 나타나는 소동은 다시 일어나지 않겠지요?

나팔꽃은 왜 기어오르는 것을 좋아할까요?

   나팔꽃은 줄기가 매우 가늘고 힘이 없어서, 스스로 줄기를 세우지 못합니다. 그래서 주변의 다른 식물이나 나무 막대기 같은 것을 받침대로 삼아서 칭칭 감으며 오릅니다. 그렇게라도 하지 않으면 햇빛을 받지 못해 말라 죽게 되니까요.

   이처럼 스스로 줄기를 세우지 못하는 식물을 통틀어 덩굴 식물이라고 합니다. 찔레나 다래처럼 다른 식물에 살짝 기대기만 하거나, 담쟁이처럼 빨판으로 담이나 나무를 기어오르는 식물도 모두 덩굴 식물입니다.

나팔꽃

식물에게도 손이 있어요!

나팔꽃의 손은 바로 줄기입니다. 줄기에는 흰 털이 나 있어서 미끄러지지 않고 받침대를 칭칭 감고 오릅니다. 이런 줄기를 덩굴줄기라고 합니다. 칡, 인동, 등나무도 나팔꽃처럼 덩굴줄기로 받침대를 감는 식물입니다.

이와는 달리 호박, 오이, 포도처럼 덩굴손으로 기어오르는 식물도 있습니다.

나팔꽃의 덩굴줄기

덩굴손은 식물의 잎이나 줄기 일부가 변해서 생긴 것입니다. 손처럼 여러 가닥으로 갈라져 있어서 무엇인가를 꽉 붙들기에 알맞습니다. 덩굴손은 적당한 것을 발견하면, 재빨리 그 물체를 용수철 모양으로 칭칭 감고 올라가 줄기를 잡아당깁니다.

오이의 덩굴손

왼손잡이 덩굴식물, 오른손잡이 덩굴식물

덩굴 식물은 저마다 감는 방향이 다릅니다. 인동, 부채마, 박주가리는 위에서 보았을 때 시계 도는 방향으로 감고, 나팔꽃, 메꽃, 칡은 시계 도는 방향과 반대로 감습니다. 이 때, 시계도는 방향으로 감는 것을 '오른쪽감기'라고 하고 시계 반대 방향으로 감는 것을 '왼쪽감기'라고 합니다. 그러나 더덕이나 환삼덩굴처럼 정해진 방향이 없이 양쪽으로 다 도는 것도 있습니다. 길을 가다가 덩굴 식물을 보면 그냥 지나치지 말고 어느 쪽으로 도는지 살펴보세요.

인동

메꽃

식물에게도 감정이 있어요.

식물은 사람처럼 소리 내어 말하거나 웃거나 울지 못합니다. 하지만 식물에게도 좋거나 싫은 감정이 분명히 있습니다. 그래서 꽃을 키우는 화원에서는 꽃에게 날마다 아름다운 음악을 들려주기도 합니다. 날마다 음악을 듣고 자란 꽃은 그렇지 않은 꽃보다 더 아름답고 싱싱한 꽃을 피우기 때문입니다. 우리가 느낄 수는 없지만, 식물에게도 아름다운 음악을 좋아하는 마음이 있습니다.

이런 사실이 널리 알려지자, 곡식이나 과일 나무에게도 음악이나 자연의 소리를 들려주려는 농부들이 하나 둘 늘어나고 있습니다.

식물은 자신이 사랑받고 있는지, 그렇지 않은지도 잘 압니다. 그래서 똑같이 물을 주고 거름을 주더라도, 줄 때마다 정다운 말을 건넨 식물이 더 잘 자랍니다. 그러니 말 못하는 식물이라고 꽃이나 가지를 마구 꺾거나 함부로 대해서는 안 되겠지요? 우리 모두 식물에게도 행복을 주는 사람이 되도록 해요.

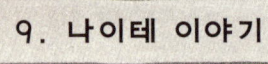
9. 나이테 이야기

은행나무의 나이를 어떻게 알았을까요?

"이 지구에서 나보다 더 오래 된 식물 있으면 나와 보라고 해!"

오늘도 은행나무가 큰소리를 땅땅 칩니다. 그 옆에는 30년도 넘게 산 붉은소나무 아줌마도 있는데 말이에요.

보다 못한 참새가 소나무 아줌마에게 짹짹거렸습니다.

"아줌마, 저 은행나무가 너무 버릇이 없군요. 크게 혼내 주세요."

그러자 소나무 아줌마가 빙그레 웃으며 속삭였답니다.

"은행나무의 말은 사실이야. 지구에 살아 있는 식물 가운데 가장 오래 된 식물이 바로 은행나무거든. 공룡이 살던 중생대에도 은행나무 천지였대."

"네에? 은행나무 집안이 그렇게나 오래 되었어요?"

참새는 깜짝 놀랐습니다.

그러자 은행나무가 다시, 한껏 뽐내기 시작합니다.

"흠흠, 우리 가문은 벼슬도 많이 했어. 나라에서 천연기념물로 보호받는 것만 해도 열아홉 그루나 된단 말이야. 그 중에서

도 용문사에 있는 은행나무가 가장 유명하지. 그 나무는 한글을 만든 세종대왕이 '당상'이라는 벼슬도 주었어. 바로 그 나무가 내 친척이다, 이 말씀이야. 그 나무는 1200살이나 된다고. 어때, 어마어마하지?"

"1200살이나 먹었다고? 그게 정말이에요, 소나무 아줌마?"
참새는 믿기지 않는다는 듯 소나무 아줌마에게 되물었습니다.
"그렇단다. 그 나무는 키가 60미터가 넘어서 동양에서 가장 큰 나무란다. 나라에 큰일이 있을 때마다 나뭇가지로 소리를 내어 미리 알렸다는 이야기가 전해 온단다. 우리나라가 일본에 빼앗겼던 나라를 되찾을 때도 두 달 전부터 울어서 그 소식을 미리 알렸다는 거야. 그래서 사람들은 그 나무를 매우 신성하게 여기지."

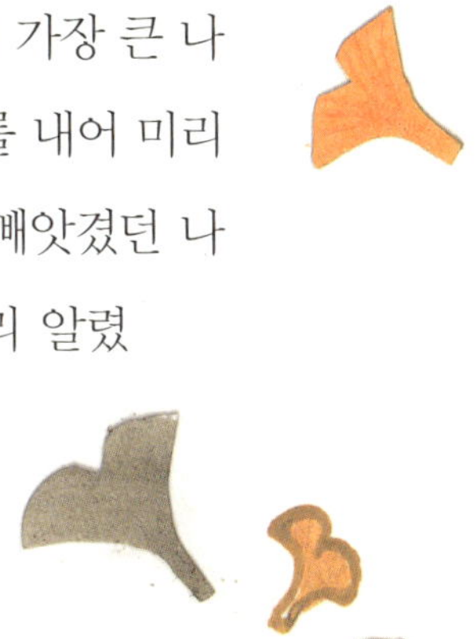

그런데 은행나무가 버릇없게도 소나무 아줌마에게 이렇게 말했습니다.

"그러니, 아줌마. 아줌마도 내게 깍듯이 대하세요!"

"뭐라고? 이 녀석, 보자보자 하니 참으로 버릇없구나."

소나무 아줌마가 버럭 화를 냈습니다.

"아무리 네 친척이 벼슬을 많이 하고, 또 집안이 오래 되었다고 해도 너는 아직 어린 나무야. 열 살이나 될까 말까 해 보이는데!"

"아니에요! 아니에요! 저는 스무 살이에요."

은행나무는 제 나이가 스무 살이라고 우겨댔습니다. 그 때였습니다. "우르르 쾅쾅!" 천둥과 번개가 무섭게 치기 시작했습니다. 장마철이 시작된 거지요.

다음 날이었습니다. 한 차례 비바람이 지나고 난 뒤, 사방은 쥐죽은 듯 조용했습니다.

"어머나! 은행나무가 쓰러졌네! 거짓말하고 버릇없이 굴어서 하늘이 벌을 내렸나 봐요!"

참새가 호들갑스럽게 떠들었습니다. 소나무 아줌마가 내려다보니, 정말 은행나무가 허리가 꺾인 채 쓰러져 있었습니다.

"쯧쯧, 비바람을 못 이기고 죽고 말았구나! 고작 일곱 살밖에 먹지 않았는데. 아이, 저런! 어린 것이 불쌍하게도……."

소나무 아줌마는 매우 안타까워했습니다.

그런데 참 신기하지요? 소나무 아줌마는 은행나무의 나이를 과연 어떻게 알았을까요?

소나무가 은행나무의 나이를 어떻게 알았을까요?

　잘린 나무의 밑동을 본 적이 있나요? 잘린 나무의 표면을 잘 살펴보면, 원이 여러 개 그려져 있는 걸 볼 수 있습니다. 이 원은 해마다 하나씩 생깁니다. 그러니 나무의 나이는 원을 하나씩 세워 보면 알 수 있지요. 이렇게 나무의 나이를 알려 주는 이 원들을 '나이테'라고 부릅니다. 나이테가 하나씩 늘어나면 그만큼 나무의 나이도 많아지고, 굵기도 더 굵어집니다. 나이테는 나무와 풀을 가르는 기준이기도 합니다. 왜냐하면, 풀에는 나이테가 생기지 않기 때문입니다.

나이테

나이테는 어떻게 해서 생기나요?

계절마다 날씨와 기온이 달라서 나이테가 생기는 것입니다.

굴참나무 나이테

봄에서 여름 사이에는 날씨가 따뜻해서, 나무가 무럭무럭 자라면서 세포도 몸을 활짝 폅니다. 하지만, 가을에는 날씨가 추워져서, 성장이 느려지고 세포도 작게 오그라듭니다. 이것이 나무줄기 속에서 옅은 색을 한 넓은 부분과 짙은 색을 한 좁은 부분으로 원을 그리며 나타납니다. 바로 이 두 부분이 하나의 나이테를 이루는 것입니다. 그래서 겨울보다 여름에 만들어진 나이테 굵기가 더 굵습니다. 또한 나이테가 계절의 변화와 관련이 있기 때문에 한 해 내내 기온이 비슷한 지역에서 자라는 나무는 나이테가 생기지 않습니다.

용문사 은행나무

용문사에 있는 은행나무는 나이테가 몇 개일까요?

우리나라에서 가장 나이가 많은 나무는 경기도 양평의 용문사에 있는 1200년 된 은행나무입니다. 그러니까 나이테가 1200개나 있다는 것입니다. 용문사의 은행나무는 동양에서 가장 크고 오래 된 나무입니다.

참고로 세계에서 가장 나이테가 많은 나무는 미국에 있는 4600년 된 소나무입니다.

나라에 세금을 내는 부자나무, 석송령

경상북도 예천에는 600년쯤 된 소나무가 있습니다. 이 소나무의 이름은 '송령'이고 성은 '석'이라고 합니다. 사람처럼 3750-00248이라는 주민 등록 번호도 가지고 있습니다. 그 뿐만 아니라, 땅 1200평을 재산으로 가지고 있어서 해마다 나라에 세금을 냅니다.

석송령

석송령은 지금으로부터 600년쯤 전에 홍수로 떠내려 온 나무입니다. 마을 사람들은 그렇게 떠내려 온 나무를 건져서 정성스럽게 땅에 심었습니다. 그러고는 그 뒤부터 그 나무를 마을을 지켜 주는 나무로 섬겨 온 것입니다.

그러다가 1932년에, 예천에 사는 이수령이라는 사람이 이 나무에게 석송령이란 이름을 지어 주고, 땅 1200평을 물려주었습니다. 그 뒤부터 농부들이 그 땅에서 농사를 짓고는 땅을 빌린 대가를 석송령에게 냈습니다. 이렇게 해서 석송령은 차츰 부자가 되었습니다. 1975년에는 대통령에게서 500만 원의 상금도 받았습니다.

그렇다면 석송령은 그 많은 돈을 다 어디에다 쓸까요? 석송령은 자신의 재산으로 장학회를 만들어 많은 학생들에게 장학금을 주고 있다고 합니다.

10. 상록수는 왜 늘 푸른 걸까?

겨울에도 잎이 푸른 소나무

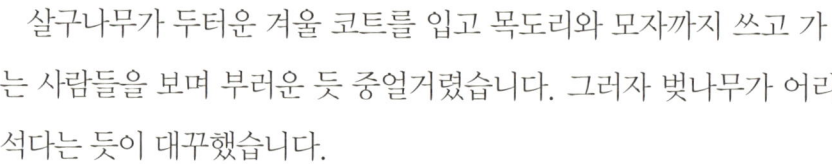

바람이 쌩쌩 부는 겨울날이었습니다. 겨울을 좋아하는 까치조차도 제 둥지에서 꼼짝 않고 있을 만큼 몹시 추운 날이었지요.

"덜덜덜! 목도리 하나라도 두르면, 덜 추울 텐데!"

살구나무가 두터운 겨울 코트를 입고 목도리와 모자까지 쓰고 가는 사람들을 보며 부러운 듯 중얼거렸습니다. 그러자 벚나무가 어리석다는 듯이 대꾸했습니다.

"너도 참, 부러워할 걸 부러워해야지. 난 저 소나무가 부러워! 저렇게 푸른 잎들을 달고 있으니, 뭐가 춥겠니? 우리, 소나무한테 가서 그 비결을 알아보자."

살구나무와 벚나무는 소나무한테 찾아갔습니다.

"너는 어떻게 한 해 내내 푸른 잎을 달고 있니?"

벚나무가 신기하다는 듯 물었습니다.

"내 잎을 찬찬히 살펴보렴. 잎이 무척 두꺼우면서도 바늘처럼 아주 날씬하지. 게다가 송진으로 덮여 있어서 기름을 바른 것처럼 미

끈미끈해. 그래서 잎이 추위를 잘 견딜 수 있는 거야. 덕분에 엽록소도 파괴되지 않아서, 한 해 내내 잎이 푸른 거야."

소나무가 친절하게 이야기해 주었습니다.

"그랬구나. 우리는 잎이 얇을 뿐만 아니라 넓기까지 해서, 추위를 이기지 못해. 조금만 추워도 엽록소가 곧 죽어 버리고 말지. 그래서 잎이 영양실조에 걸려 누렇게 되다가 결국엔 땅으로 떨어지는 거라고. 아이 참, 소나무 네가 너무너무 부럽다!"

살구나무가 길게 한숨을 내쉬었습니다. 빈 가지만 썰렁한 자신의 모습이 몹시 초라하게 느껴졌던 것입니다. 벚나무도 벌거벗은 몸이 부끄러운 듯 고개를 푹 숙였습니다.

"무슨 소리를 하는 거니? 난 너희가 부러워. 너희는 가을에 단풍이 아름답게 들잖아. 그리고 바람이 불면 우수수 낙엽도 떨어지지. 그 모습이 얼마나 멋진 줄 아니? 사람들도 낭만

적이라고 몹시 좋아하던걸!"

소나무가 펄쩍 뛰며 말했습니다. 그러자 이제껏 나무들의 이야기를 듣고 있던 까치가 끼어들어 말했습니다.

"맞아! 상록수만 가득하다면, 세상은 덜 아름다울 거야. 낙엽이 지는 너희 같은 낙엽수가 있어서, 세상이 더 아름다운 거야."

그 때였습니다. '쌩' 하고 매서운 바람이 거리를 휩쓸었습니다.

"아이고, 추워!"

푸른 잎을 주렁주렁 달고 있는 소나무가 덜덜 떨며 몸을 움츠렸습니다.

"아니, 너도 추위를 타니?"

살구나무와 벚나무가 놀라서 물었습니다.

"그럼, 나라고 별수 있니? 너희보다 추위를 덜 탈지 모르지만, 우리한테도 역시 겨울은 추운 계절이야. 아, 빨리 봄이 왔으면 좋겠다."

"나도!"

"나도!"

"나도!"

소나무의 말에, 살구나무도, 벚나무도, 까치도 봄이 어서 오기를 빌었습니다.

언제나 푸른 상록수

상록수란 추운 겨울에도 잎이 변함없이 푸른 나무를 말합니다. 동백나무처럼 잎이 넓은 상록수가 있는가 하면, 소나무나 전나무처럼 잎이 바늘처럼 뾰족한 상록수도 있습니다. 잎이 넓은 나무는 기온이 따뜻한 곳에서 자라고, 잎이 뾰족한 상록수는 주로 추운 곳에서 자랍니다.

동백나무

소나무

에헴 에헴! 내가 바로 정이품송이야.

겨울에도 잎이 푸른 소나무

초등학생이 가장 궁금해하는 식물상식 10

상록수도 낡은 옷은 갈아입어요.

상록수는 푸른 잎 그대로 겨울을 납니다. 하지만 잎이 전혀 떨어지지 않는 것은 아니랍니다. 계절에 상관없이 오래 된 잎은 누렇게 말라서 저절로 떨어집니다. 대체로 새순이 돋아나는 봄에 잎이 많이 떨어진다고 합니다.

임금님의 집이 되어 준 소나무

튼튼한 건물을 짓는 데 쓰이는 나무로는 소나무가 최고입니다. 소나무는 뒤틀리지 않고, 송진이 있어 습기에도 잘 견디기 때문입니다. 게다가 벌레도 먹지 않습니다. 그래서 옛날에는 임금님이 사는 궁궐은 반드시 소나무로만 지었다고 합니다. 절을 지을 때도 흔히 소나무를 사용했습니다. 이순신 장군이 발명한 거북선도 소나무로 만들었고, 마을을 지켜 주는 장승도 반드시 소나무로만 만들었습니다.

소나무로 지은 임금님의 집 경회루

그래서 '나무 가운데 가장 우두머리'라는 뜻에서 소나무라는 이름을 붙인 것이랍니다. 순 우리말로는 소나무를 솔이라고 하는데, 솔은 '가장 높고, 가장 으뜸'이라는 뜻을 가지고 있습니다.

야외에서 나무를 관찰하는 방법!

1. 공책과 색연필은 기본 준비물입니다. 그래야 궁금한 것을 적기도 하고, 좋아하는 식물을 관찰하면서 공책에 그려 넣을 수 있습니다.
2. 식물도감을 가지고 갑니다. 궁금한 것을 그 자리에서 찾아볼 수도 있고, 또 미처 모르던 재미있는 사실을 알 수 있습니다.
3. 돋보기도 챙깁니다. 꽃의 암술이나 수술을 자세히 들여다볼 수도 있고, 자작나무의 씨처럼 아주 작은 씨들도 살필 수 있습니다.
4. 자와 줄자도 가방에 넣어 갑니다. 나무의 둘레와 잎의 길이 등을 재보면 재미있습니다.
5. 비닐봉지를 가지고 가서 잎이나 씨를 채집합니다. 채집한 것은 집에 와서 종이 봉지에 담아 둡니다. 그래야 습기가 들지 않습니다.
6. 사진기를 준비합니다. 관찰하고 싶은 나무를 계절이 바뀔 때마다 찍어 봅니다. 나중에 사진을 보고 나무 모습이 어떻게 변했는지 관찰해 보면 흥미롭겠죠?

준비물

공책, 색연필　식물도감　돋보기

자, 줄자　사진기　비닐봉지

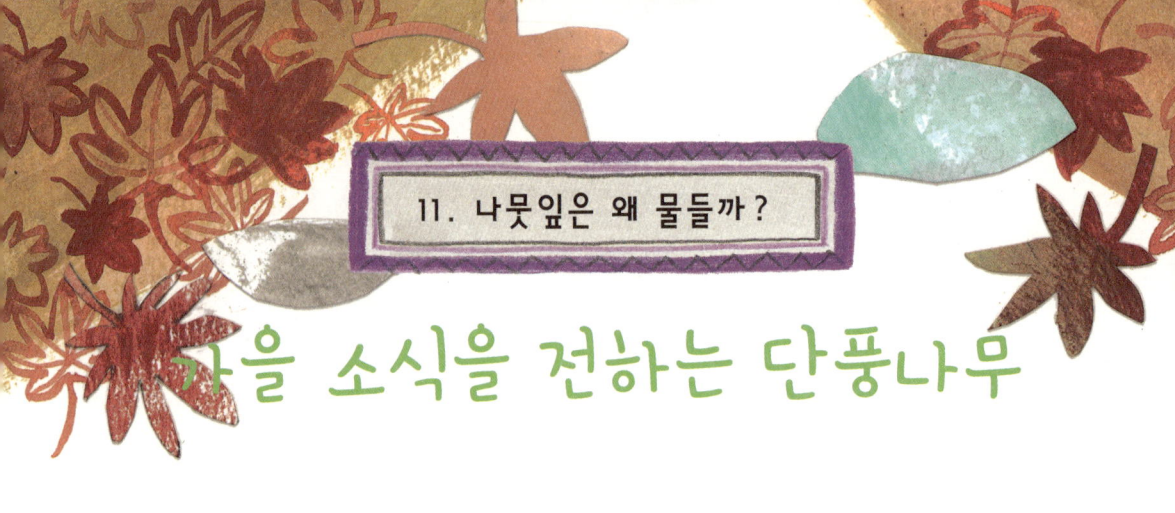

11. 나뭇잎은 왜 물들까?

가을 소식을 전하는 단풍나무

　봄소식을 가장 먼저 알리는 것은 개나리나 진달래 같은 꽃들이지. 그렇다면 가을 소식을 가장 먼저 알리는 것은 무엇일까? 그래, 맞아. 바로 나 같은 단풍나무야!

　그리고 봄소식은 따뜻한 남쪽에서부터 시작하여 북쪽으로 전해 오지만, 가을 소식은 그 반대야. 북쪽의 춥고 깊은 산골에서부터 시작한 단풍 소식은 남쪽으로 전해져 가거든.

　어, 저기, 아파트에 사는 아이들이 내가 있는 공원으로 놀러 나왔구나. 무슨 이야기를 하는지 어디 한번 들어 볼까?

　"와, 빨간 단풍잎이다! 가을이야. 주워서 책갈피에 끼워 둬야지."

　단발머리 여자 아이가 활짝 웃으며 즐거워하는구나. 어, 그 아이가 고개를 갸웃하며 또 뭐라고 중얼거리네.

　"그런데 단풍나무는 왜 가을에만 물드는 거지?"

　"그건 여름 내내 햇볕에 타서 그럴 거야. 사람처럼 말이야."

머리를 짧게 깎은 한 남자 아이가 말했어. 여름에 얼마나 뛰놀았는지 이 아이의 얼굴은 햇볕에 그을려 새까맣구나.

"맞아!"

단발머리 여자 아이가 금세 고개를 끄덕이는군. 그런데 동그랗게 바가지 머리를 한 여자아이가 머리를 흔들며 말하네.

"아냐. 그건 말이 안 돼. 햇볕에 타서 빨개지는 거라면 은행나무 잎은 왜 노랗게 물드는 거지? 그리고 소나무나 잣나무는 가을이나 겨울에도 변함없이 푸르기만 하잖아."

"어, 정말!"

하하하, 단발머리 여자 아이가 또 금세 고개를 끄덕이는구나. 아까 그 남자 아이는 얼굴이 발개져서 멀리를 긁적이고 있고.

그러자 이번에는 둥근 안경을 쓴 남자 아이가 선생님처럼 이렇게 말하지 않겠니?

"에, 뭐 어렵게 생각할 거 없어. 키 큰 사람, 뚱뚱한 사람, 피부가 검은 사람, 하얀 사람이 있는 것처럼 나무들도 다 저마

다 개성이 다르기 때문이야. 생각해 봐. 모든 나무가 똑같은 색, 똑같은 모양이라면 얼마나 재미없겠니? 또 꽃들도 색이 모두 같다면 말이야."

"그래, 그래. 네 말이 맞아!"

하하하, 단발머리 여자 아이가 이번에도 고개를 끄덕이네. 그러고는 깡충깡충 뛰어가면서 이렇게 말하는 거야.

"애들아, 저기 코스모스 피었어! 우리 구경하러 가자!"

그러자 그 뒤를 나머지 아이들도 우르르 따라가는구나.

그런데 단풍은 왜 가을에만 빨갛게 물드는 걸까?

잘 들어 봐. 가을에는 기온이 내려가고 햇빛이 비치는 시간도 짧아지지? 이처럼 날씨가 추워지면 잎 속에 붉은 색소가 생긴단 말이야. 이 붉은 색소가 잎을 빨갛게 만드는 거야.

그래서 우리 같은 단풍나무는 추위가 먼저 오는 북쪽에서부터 가을 소식을 전하게 되는 거라고.

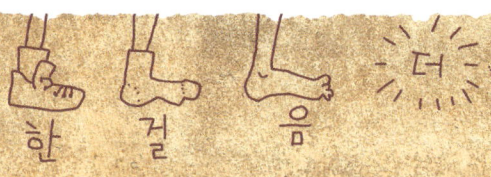

식물 앨범을 만들어요.

1. 먼저 식물을 채집해야겠지요? 같은 종류는 한두 개만 있어도 됩니다.
2. 채집한 식물을 예쁘게 말립니다. 꽃이나 잎을 두꺼운 책 사이에 끼우고 무거운 것으로 눌러 놓으면 됩니다.
3. 한 달 뒤, 잘 마른 식물들을 꺼내 종이에 테이프로 붙입니다.
4. 식물의 이름, 발견한 날짜와 장소를 적어 둡니다.
5. 식물을 붙인 종이를 코팅하고 구멍을 내어 고리로 묶습니다.

그러면 멋진 식물 앨범 완성!

아가의 얼굴처럼 해맑은 함박꽃

함박꽃처럼 예쁜 꽃 앨범을 만들어 보세요.

나뭇잎은 왜 가을에 물이 들까요?

나뭇잎이 푸른 것은 잎에 엽록소라는 녹색 색소가 있기 때문입니다. 그런데 엽록소는 추위에 매우 약해서, 날씨가 쌀쌀한 가을 무렵이면 죽습니다. 그러니 잎도 녹색을 잃고 말겠죠? 그런데, 본디 식물의 잎은 엽록소 말고도 다른 색소도 가지고 있습니다. 바로 카로티노이드나 크산토필이라고 불리는 색소입니다. 이 색소가 봄, 여름에는 가만히 숨어 있다가, 엽록소가 사라진 뒤에는 제 빛깔을 마음껏 드러냅니다. 그래서 가을에는 나뭇잎이 붉은빛이나 노란빛으로 물들게 된답니다.

단풍나무

가을이 아름다운 건 단풍이 들기 때문이지요.

단풍으로 물든 산

이야기 속에 나오는 숲의 영웅들

조선 시대의 의적, 임꺽정 이야기를 들어 봤나요? 의적은 '정의로운 도둑'이라는 뜻입니다. 임꺽정은 백성을 괴롭히는 못된 양반들을 가만히 보고만 있을 수가 없었습니다. 그래서 산으로 들어가 숨어 살면서 백성을 괴롭히는 못된 벼슬아치나 양반들을 혼내 주었습니다. 그러고는 재물을 빼앗아 백성들에게 골고루 나누어 주었습니다. 그래서 그를 의적이라고 합니다.

영국에도 임꺽정 같은 의적이 있었답니다. 바로 로빈후드라는 사람입니다. 로빈후드도 숲으로 들어가 살면서 못된 관리들을 혼내 주고 재물을 빼앗아 가난한 사람들에게 나누어 주었습니다.

밀림의 왕자 타잔도 빼놓을 수 없는 숲의 영웅입니다. 밀림 속에 버려져 원숭이들과 함께 자란 타잔은 누구보다도 밀림을 사랑하고 아꼈습니다. 그래서 밀림을 파괴하고 동물을 괴롭히는 사람들을 혼내 주었습니다.

숲에는 이 밖에도 재미있고 아름다운 이야기들이 많이 숨 쉬고 있답니다.

로빈후드

12. 어떤 나무가 가로수로 알맞을까?

도시의 환경 미화원, 버짐나무

시골에서 올라온 딱따구리가 도시의 하늘을 날고 있었습니다. 딱따구리는 인상을 잔뜩 찌푸리며 끊임없이 중얼거렸습니다.

"괜히 왔어, 괜히 왔다니까!"

대체 무엇이 그리 못마땅한 것일까요?

"캑캑! 도시 공기는 너무 나쁘군. 대체 숨 쉴 수가 있어야 말이지! 만일 네가 아니었다면, 난 도시에 오지 않았을 거야!"

친구인 비둘기네 집에 도착하자마자, 딱따구리가 툴툴거리며 말했습니다. 아침 일찍 헤어 드라이어로 멋지게 세운 딱따구리의 앞머리가 먼지 때문에 형편없이 망가져 있었지요. 그것이 못마땅한 듯 딱따구리는 거울 앞에 서서 좀처럼 떨어지질 않았어요.

"그럴 리가 있나? 거리마다 환경 미화원들이 열심히 일하고 있는걸."

"뭐야? 그럼, 내가 괜한 트집을 잡는다는 말이야?"

딱따구리가 벌컥 화를 냈어요. 그제야 비둘기가 머리를 갸웃거리며 말했어요.

"왜 그럴까? 혹시 환경 미화원들에게 탈이 난 게 아닐까?"

"탈은 무슨 놈의 탈! 날씨가 하도 더우니까, 분명 잔뜩 게으름을 피우는 게야. 그 환경 미화원이 누구냐? 내가 가서 이 부리로 혼내 줄 테다!"

"응, 버짐나무야. 플라타너스라고도 부르지."

비둘기의 대답에 딱따구리가 "푸하하하" 웃음을 터뜨렸답니다.

"아니, 얼룩얼룩 허옇게 벗겨진 그 나무 말이냐? 마치 못 먹어서 버짐이 핀 것처럼! 그래서 버짐나무라고 부르는 거잖아. 하하하, 대체 그런 지저분한 나무가 무엇을 할 수 있겠냐?"

"그렇지 않아. 버짐나무 만큼 도시에서 오염된 공기를 깨끗하게 해 주는 나무가 어디 있다고. 가로수로서 버짐나무만큼 도시를 아름답게 꾸미는 나무는 없어! 그래서 서울에 심은 가로수 가운데 절반은 모두 버짐나무란 말이야! 지난번에 세계 여행을 떠났을 때도 잘 살펴보니까 다른 나라들도 버짐나무를 많이 심어 놨던걸."

비둘기가 뭘 모르는 소리라며 버짐나무를 두둔했습니다.

"흥! 그럼, 왜 도시 공기가 이렇게 나쁜 거야?"

딱따구리가 비웃듯이 되물었어요.

"글쎄……, 아마도 버짐나무에게 탈이 생긴 걸 거야."

비둘기와 딱따구리는 사실을 알아보기로 하고 버짐나무를 찾아갔습니다. 그런데 푸르러야 할 버짐나무 잎들이 노랗게 변해 있었어요. 어떤 것은 잎이 거의 투명하게 내비치기까지 했어요.

"이게 어떻게 된 일이에요?"

비둘기와 딱따구리가 깜짝 놀라서 물었어요.

"이젠 더 이상 도시의 환경 미화원 노릇을 할 수 없을 것 같아요. 이게 다 미국에서 건너온 해충 때문이에요. 해충이 잎을 이렇게 괴롭히니 우리가 힘을 쓸 수가 있어야 말이죠. 잎은 햇빛을 받아 영양분을 만들기도 하지만, 또 공기속의 더러운 물질을 빨아들이는 일도 하거든요."

"당신의 병은 반드시 고칠 수 있을 거예요. 내가 의사를 불러 오겠어요!"

비둘기가 의사를 찾으러 날아갔습니다. 그러자 딱따구리가 슬픔에 빠져 있는 버짐나무에게 말했습니다.

"그 동안 내가 당신을 보살펴 주겠어요!"

그러고는 그 날카로운 부리로 해충들을 쪼기 시작했답니다.

에헴, 가로수의 왕은 바로 버짐나무야!

버짐나무는 잎을 통해서 우리에게 맑은 산소를 내보내 줍니다. 그리고 마치 진공청소기처럼 공기를 더럽히는 오염 물질을 빨아들여 도시의 공기를 깨끗하게 만듭니다. 어디 그뿐인가요? 여름에는 큰 그늘을 만들어 주기도 합니다. 버짐나무는 한 해에 2미터씩 자라는데, 다 자라면 키가 40미터도 넘습니다. 게다가 아무리 좋지 못한 땅에라도 쑥쑥 뿌리를 내려 잘 자랍니다. 그러니 버짐나무보다 더 좋은 가로수가 또 어디에 있겠어요?

버짐나무(플라타너스) 가로수 길

아무나 가로수 하나요, 뭐!

도시를 푸르게 가꾸어 주는 가로수가 되려면 다음과 같은 세 가지 조건이 필요합니다.

첫째, 짙고 넓은 그늘을 만들어 주는 나무여야 합니다. 나무가 크고 가지와 잎이 많이 달려 있어야겠죠?

둘째, 공기가 나쁜 도시에서도 무럭무럭 잘 자라는 나무여야 합니다. 더디게 자라는 나무는 시끄러운 차 소리와 공해 따위로 스트레스를 받아, 다 자라기 전에 죽어 버립니다.

셋째, 병에 잘 걸리지 않는 건강한 나무여야 합니다. 그래야 빌딩으로 가득 찬 도시를 푸르고 아름다운 곳으로 가꾸어 줍니다.

야자수 가로수길

어머, 야자수도 가로수로 쓰이네요.

식목일에 심으면 좋은 나무 열 가지

이왕이면 우리나라 경제에 보탬이 되는 나무를 골라 심으면 좋지 않을까요?

산에는 소나무, 젓나무, 삼나무, 전나무, 느티나무, 오동나무, 상수리나무 등을 심어 보세요. 나무의 질이 좋고 튼튼해서, 가구를 만들거나 건물을 지을 때 매우 쓸모 있답니다. 느티나무, 삼나무, 오동나무 같은 나무는 악기를 만드는 데에도 쓰입니다.

논둑에는 오리나무를 심어 볼까요? 옛날에는 오리나무 가지를 가늘게 썰어 논농사 비료로 썼답니다. 오리나무는 메마른 땅에서도 잘 자라고 또 땅을 기름지게 만들어 줍니다. 둑을 보호하는 역할도 하기 때문에 홍수 피해를 줄일 수도 있습니다.

오동나무

오리나무

오리나무는 땅을 기름지게 해 줍니다.

13. 국화꽃은 왜 가을에만 필까?

참새 리포터가 만난 국화꽃

안녕하십니까? 저는 참새 방송국의 기자 짹순이입니다. 여기 전깃줄에 앉아서 아래를 내려다보니 자그마한 밭이 보이는군요. 참으로 정다워 보이는 밭인데요. 바로 이곳에서 한 가지 이상한 사실을 파헤쳐 달라는 부탁이 있었지 뭡니까? 그게 무엇인지는 직접 만나서 들어 보도록 하겠습니다.

먼저 눈에 띄는 것은 큰 키를 자랑하는 옥수수로군요. 인사를 나눠 보겠습니다.

"안녕하세요?"

"네, 어서 오세요. 그런데 제가 피운 꽃 어때요?"

그러고 보니 옥수수에 꽃이 피었군요. '옥수수 수염'이라 불리는 게 사실은 옥수수의 꽃이지요.

네, 뭐라고요? 어떻게 할아버지 수염처럼 생긴 걸 꽃이라고 부를 수 있냐고요?

"그건 제가 대답하겠어요. 꽃이라고 해서 모두 화려한 꽃잎이 달려 있는 건 아니에요. 무조건 예뻐야 한다는 원칙이 있는 것도 아니고요. 소나무도 나처럼 아예 꽃잎이 없죠."

"아, 예! 참 멋진 설명이었습니다. 그런데 옥수수님, 곧 열매가 열리겠죠? 그 때 한두 개 맛 좀 봐도 될까요?"

"……."

쩝, 반응이 썰렁한데요. 그럼 이번엔 오이와 토마토를 만나 보겠습니다.

"아이고, 반갑습니다. 노란 꽃이 참 앙증맞군요. 그러고 보니 드문드문 열매도 달려 있네요."

"우리 몸이 이처럼 성숙했으니, 당연한 결과죠. 그나저나, 저 국화를 보세요! 우리는 모두 이렇게 꽃을 피웠는데, 국화는 아직 꽃눈도 만들지 않았어요. 왜 그런지 무척 궁금해요."

"꽃…눈? 그게 뭐죠?"

"아이고, 참! 기자님이 뭘 모르시는구먼. 우리 식물 세계에서는 싹이 날 자리를 눈이라고

해요. 그러니까 꽃눈이란 꽃이 피는 자리라는 뜻이죠."

그러고 보니 정말 이상하군요. 봄도 다 가고 여름이 왔는데, 왜 아직 꽃을 피우지 않았을까요? 움직이지 못하는 옥수수와 오이, 토마토의 날개가 되어 국화에게 찾아가 물어 보겠습니다. 잠시만 기다려 주세요.

예, 여기는 밭 건너편에 있는 담벼락 아래입니다. 국화에게 물어 보겠습니다.

"여태 꽃을 피우지 않은 까닭이 무엇입니까? 꽃을 피울 만큼 성숙했는데, 아직 꽃눈도 만들지 않았군요."

"저는 가을에만 꽃을 피우는 식물이거든요."

"혹시 게을러서 그런 건 아니고요?"

"뭘 모르시는 소리! 옥수수나 오이, 토마토 같은 것은 온도만 적당하면 꽃눈을 자연스럽게 만들지만, 나는 그렇지 않아요. 좀 더 특별한 환경이 필요하죠."

"특별한 환경이라면?"

"한 마디로 말하면 밤의 길이가 좀 더 길어야 한다는 거예요. 봄도 그렇지만, 특히 여름엔 밤이 짧고 낮이 길잖아요. 이젠 더 이상 묻지 마세요. 너무 더워 말하는 것도 힘들어요."

그랬군요. 밤이 짧아서 여름에 꽃을 피우지 않는 거였어요. 이렇게 해서 참새 방송국 기자 짹순이가 국화꽃의 비밀을 파헤쳤습니다.

짹짹짹! 여기는 참새 방송국! 이만 마치겠습니다.

"지지직!"

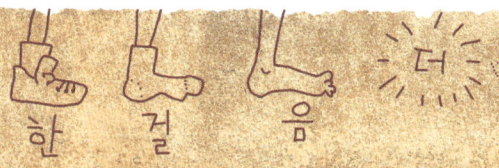

가을바람 찬바람 맞고 국화꽃은 피어요.

국화꽃은 하루 열네 시간 이상 햇볕을 쬐면 꽃을 피우지 않는다고 합니다. 그래서 밤보다 낮의 길이가 짧은 가을에 꽃을 피웁니다. 이처럼 낮의 길이가 짧아야 꽃을 피우는 식물을 단일 식물이라고 합니다. 단일 식물로는 코스모스, 버명아주, 콩이 있습니다. 이들도 국화꽃처럼 가을바람과 함께 꽃을 활짝 피운답니다.

가을 꽃 중의 꽃, 국화

봄이 좋아 봄꽃, 여름이 좋아 여름꽃!

봄이나 여름에 피는 꽃들은 적어도 열한 시간에서 열두 시간 이상 햇볕을 쬐어야 꽃을 피웁니다. 이런 식물을 장일 식물이라고 합니다. 장일 식물은 낮의 길이가 길어야 꽃을 피우는 식물이라는 뜻입니다.

이처럼 꽃들은 저마다 제게 맞는 특별한 환경에서만 꽃눈을 만들어 피웁니다. 그 특별한 환경이 바로 밤낮의 알맞은 길이와 기온입니다. 그래서 꽃들은 자신에게 가장 알맞은 밤낮의 길이와 기온을 갖춘 계절에만 핀답니다.

금낭화(봄)

노랑원추리(여름)

구절초(가을)

봄, 여름, 가을, 겨울에 피는 꽃!
 봄 : 복수초, 금낭화, 금난초
 여름 : 매발톱꽃, 물봉선, 노랑원추리
 가을 : 용담, 구절초, 개미취
 겨울 : 보춘화, 동백, 매화

보춘화(겨울)

식물의 뿌리는 얼마나 길까

　벼나 보리와 같은 한해살이풀은 굵은 뿌리가 없습니다. 그 대신 수많은 수염뿌리로 이루어져 있습니다. 이 수염뿌리를 한 줄로 이어서 늘어놓으면 그 길이가 얼마나 될까요?
　밀은 70킬로미터이고, 호밀은 무려 600킬로미터에 이릅니다.
　그러면 키가 큰 나무는 어떨까요? 나무도 그 종류에 따라 다르지만, 대개는 그 나무의 가지가 퍼져 있는 만큼, 뿌리도 땅 속으로 뻗는다고 합니다. 땅 위의 나무 무게만큼 땅 속에서 뿌리가 떠받쳐 주어야 나무가 쓰러지지 않습니다.

나무뿌리가 이 정도는 되어야 비바람에도 끄덕없겠죠?

참새 리포터가 만난 국화꽃 · 85

14. 식물은 겨울을 어떻게 보낼까?

나무에게
겨울옷을 만들어 주세요!

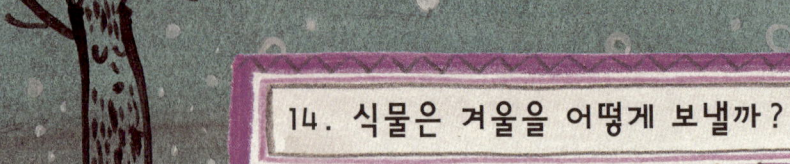

　토끼가 겨울을 맞이하고 나서 처음으로 굴 밖으로 나왔습니다. 쌩쌩! 겨울바람이 얼음장처럼 차가웠습니다.
　"어휴, 봄이 오려면 두 달이나 더 있어야 하는데, 내년에는 좀 더 살이 쪄야겠어. 그래야 겨울을 끄떡없이 보내지."
　토끼가 추위를 떨쳐 내듯 부르르 몸을 떨었습니다. 그리고는 겨울 하늘을 올려다보며 기지개를 활짝 폈습니다. 문득 앙상한 나뭇가지가 눈에 들어왔습니다.
　"이크, 저런! 이 추운 겨울에 잎이 하나도 없네, 떡갈나무야. 넌 대체 겨울을 어떻게 보내려고 그러니?"
　토끼가 깜짝 놀라서 외쳤습니다. 하지만 떡갈나무는 잠잠했습니다.
　'나무가 꽁꽁 얼어서 듣지도 말하지도 못하나 봐. 가여워서 어쩌지?'
　토끼는 떡갈나무가 불쌍했습니다. 아무래도 나무가 죽을 것 같았습니다.

 '나무는 너무 착해서 탈이야. 예쁜 꽃을 피우고 맛있는 열매도 나누어 주어서 우리를 기쁘게 해 주지. 또 더운 여름에는 큰 그늘을 만들어 시원하게 해 주잖아. 그렇게 남한테 아낌없이 베풀기만 하니까, 그만 겨울 준비를 못 하고 만 거야.'
 그렇게 생각하니 토끼는 못내 가슴이 아파 왔습니다.
 '고마운 나무를 살려야 해. 이렇게 죽게 내버려 둘 수는 없어!'
 토끼는 다시 자기 굴 안으로 들어갔습니다. 굴 안에는 낙엽이 수북이 쌓여 있었습니다. 겨울을 따뜻하게 보내려고 가을 내내 부지런히 주워 모은 것들이었습니다. 토끼는 아낌없이 큰 자루에 쓸어 담았습니다.
 "끙! 끙!"
 토끼가 나뭇잎이 가득 든 자루를 짊어지고 부엉이 아줌마를 찾아갔습니다.

"부엉이 아줌마, 힘드시겠지만 이 낙엽들을 나무에 꼭 좀 달아 주세요. 제가 하면 좋겠지만, 저는 다람쥐처럼 나무를 잘 타지도 못하고, 또 아줌마처럼 날개도 없거든요."

"아니, 왜 낙엽을 나무에게 달아 준단 말이야?"

토끼의 부탁에 부엉이 아줌마가 이상하다는 듯이 물었습니다.

"나무는 아줌마나 저처럼 따뜻한 털옷이 없잖아요. 그러니 얼어 죽지 않고 겨울을 잘 지낼 수 있게 겨울옷을 만들어 주어야 하지 않을까요?"

"호호호! 네 생각이 참으로 기특하구나, 하지만 나무한테는 겨울옷이 따로 필요 없단다. 그리고 이 잎들은 나무가 겨울을 나려고 일부러 떨어뜨린걸."

"네? 그럴 리가 있나요?"

토끼가 못 미더운지 눈이 휘둥그레졌습니다.

"나뭇잎이 떨어진 곳을 잘 살펴보렴, 새로운 껍질이 생겨서 속이 얼지 않도록 보호하고 있어. 또 꽃눈과 잎눈도 털이나 비늘 같은 것으로 싸서 겨울을 따뜻하게 보내지. 사람들이 겨울에 옷을 두껍게 입는 것과 똑같은 이치란다. 그리고 식물도 겨울잠을 잔단다. 그래서 겨울에는 잎도 꽃도 만들지 않아. 그러다가 봄이 오면, 잠에서 깨어나 잎과 꽃을 피우지."

"아하, 그랬구나."

그제야 토끼는 부엉이 아줌마의 설명에 고개를 끄덕였습니다.

나무의 겨울 준비

식물은 날씨가 추워지면, 뿌리의 힘이 약해져서 물을 잘 빨아들이지 못합니다. 그러다가 끝내는 물이 부족해져서, 풀은 차츰 시들고 나무는 잎을 떨어뜨리게 됩니다.

추운 겨울에는 식물의 몸속에 있는 물까지 얼기도 합니다. 그래서 겨울이면 식물은 대부분의 활동을 멈춘답니다. 또 가을에 잎이 떨어진 자리에는 속을 보호하는 단단한 껍질이 생겨나서 추운 겨울을 이기게 합니다. 이것이 나무가 겨울을 나는 법이랍니다.

가지만 앙상한 겨울나무

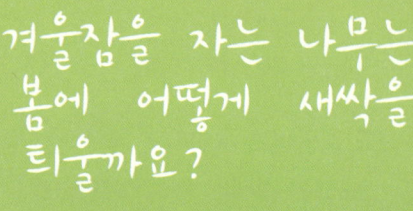
목련 겨울눈

겨울잠을 자는 나무는 봄에 어떻게 새싹을 틔울까요?

나무는 이른 여름부터 새싹이 될 잎눈과 꽃이 될 꽃눈을 미리 만들어 둡니다. 그래야 겨울에 잠을 자고도 봄에 새싹을 틔울 수가 있습니다.

꽃눈과 잎눈도 겨울에는 잠을 잡니다. 벚나무처럼 딱딱한 비늘로 덮거나, 오리나무처럼 끈끈한 액으로 감싼 채로 말입니다. 목련처럼 보송보송한 털로 덮고서 겨울을 나기도 하고, 단풍나무처럼 나뭇가지 속으로 들어가서 겨울을 나기도 합니다. 겨울을 나는 꽃눈과 잎눈을 가리켜 겨울눈이라고 합니다.

접시꽃

풀이 겨울을 나는 두 가지 방법

나팔꽃, 접시꽃 등은 한 해만 사는 풀들이에요. 그 풀들은 씨앗 상태로 겨울을 납니다. 겨울이 오기 전에 미리 씨앗을 땅에 떨어뜨려 두면 이듬해 봄에 거기에서 싹이 틉니다.

그리고 수선화, 나리, 민들레 등은 여러 해를 사는 풀들이에요. 그 식물들은 땅속에 있는 줄기와 뿌리로 겨울을 나지요. 땅속은 겨울에도 제법 따뜻하거든요. 그런데 겨울을 나느라고 땅에 납작 엎드린 모습은 마치 장미꽃 같아요. 그 모습을 로제트라고 부르는데, 원래 로제트는 장미꽃처럼 생긴 다이아몬드를 가리키는 말이랍니다.

수선화

친구와 함께 하는 재미있는 식물놀이

1. 친구와 함께 나무의 키를 재어 보세요.

준비물: 긴 자, 연필, 공책

1) 키를 재려는 나무 옆에 친구를 나란히 세웁니다.
2) 나는 나무에서 아주 멀리 떨어진 자리에 서서, 팔을 쭉 뻗어 친구의 키와 나무의 키를 자로 잽니다.
3) '자로 잰 나무의 키'가 '자로 잰 친구의 키'보다 몇 배나 큰가요?

만일 다섯 배가 크다면 친구의 실제 키에 5를 곱합니다. 그러면 실제 나무의 키를 구할 수 있습니다.

2. 알록달록, 나무껍질을 본떠 카드 만들기

준비물: 색연필, 도화지, 핀

1) 나무에 종이를 대고 핀을 꽂습니다.
2) 크레용이나 색연필로 가볍게 문지릅니다. 그러면 나무껍질의 울퉁불퉁한 부분이 종이 위에 그대로 나타날 것입니다. 어린 나무일수록 본뜨기가 더 잘 됩니다.
3) 나무껍질을 본뜬 종이로 생일 카드나 크리스마스카드를 만들어 보내면 친구나 가족이 참 기뻐하겠죠?

15. 식물은 왜 죽을 때까지 계속 자랄까?

빙글빙글 춤추는 해바라기

　해바라기가 들려주는 옛날이야기 하나 들어 볼래? 이 이야기는 정말 까마득하게 멀고도 먼 옛날 옛적 이야기야. 바로 우리 해바라기 조상이 생겨난 전설이거든.

　옛날 어느 산골 마을에 형제가 살았지. 형제는 똑같이 해님을 몹시 좋아했단다. 그래서 두 사람은 해님을 만나 보기로 했어.

　그런데 말이야. 형은 욕심이 굉장했어. 사랑하는 해님을 독차지하고 싶었던 거야. 동생과 함께 나누는 것이 싫었던 거지. 형은 점점 동생이 미워졌대. 동생이 없어져 버렸으면 좋겠다고 생각했거든.

　아뿔싸, 그러다가 그만 한밤중에 잠자던 동생을 죽여 버리지 않았겠니. 그러고는 혼자서 해님을 찾아갔더란다.

　그러자 해님은 찾아온 형을 아래로 밀어 떨어뜨려 버렸지. 그런 끔찍한 일을 저지른 사람은 하늘에 올 수 없다고 하면서 말이야.

　'아아! 난 해님에 대한 사랑 때문에, 나쁜 일인 줄 알면서도 죄를 저질렀

는데……. 으흐흑!'

형은 옳지 못한 방법으로 사랑을 이룰 수 없다는 걸 뒤늦게야 깨닫게 된 거야. 결국 형은 슬픔과 괴로움 속에서 그렇게 하늘에서 떨어져 목숨을 잃었지.

그 뒤에 이상한 일이 일어났어. 형이 떨어져 죽은 자리에 크고 노란 꽃이 피었던 거야. 사람들은 이 꽃을 해바라기라고 불렀어. 이 꽃이 해가 움직이는 대로 좇아 움직인다고 해서 붙인 이름이야. 그래서일까? 다른 꽃들은 모두 우리 해바라기를 이렇게 욕하더구나.

"아휴, 저 줏대 없는 것 같으니라고!"

하지만 뭘 모르는 말씀! 우리 해바라기는 줄기가 자라는 동안만 해님이 있는 쪽으로 고개를 돌리고 있을 뿐이야. 해님이 동쪽에 있으면 동쪽으로, 남쪽에 있으면 남쪽으로, 서쪽에 있으면 서쪽으로 향하는 거지. 하지만 꽃봉오리가 피고 나면, 사정은 달라진다고. 잘 살펴보면 알겠지만, 꽃이 피고 난 뒤에는 남쪽이나 동쪽을 향한 채 거의 움직이지 않는단 말이야.

글쎄, 그랬더니 이번에는 다른 꽃들이 해님을 쫓아다니지 않는다고 또 흉을 보네.

"흥, 정말 줏대가 없지 뭐야? 한번 사랑하면 끝까지 사랑해야지."

아휴, 정말 모르는 소리야. 해바라기 꽃이 좀 무겁니? 꽃 안을 잘 살펴봐. 꽃 속에 수많은 작은 꽃들이 옹기종기, 오밀조밀 모여 있지? 한가운데는 해바라기 씨가 촘촘히 박혀 있고 그 주변은 커다란 꽃잎에 둘러 쌓여 있잖아. 이렇게 꽃이 무거운데 함부로 고개를 돌렸다간 목이 부러질 수도 있다고.

그리고 말이야. 이렇게 무거운 해바라기 꽃을 튼튼히 받쳐 주고 있는 꽃대는 좀 강하겠냐고? 이리저리 움직일래야 움직일 수가 없어.

다른 꽃들에게 따돌림 받아서 슬프겠다고? 사실, 우리 해바라기는 좀 외롭기는 해. 다른 꽃들에 비해 우린 겨우 일 년을 살다가 죽는 한해살이 식물이거든.

그러니 해님과 조금이라고 가까워지려면, 살아 있는 동안 쑥쑥 자라야만 해. 그리고 맑고 높은 가을 하늘과 가을바람을 실컷 즐겨야 하지 않겠니?

졸졸졸, 해바라기가 해님만 쫓아다닌다고요?

해바라기

해바라기의 줄기 끝은 언제나 태양 쪽을 따라 움직입니다. 그 까닭은 줄기 끝에 빛을 좋아하는 생장점이 있기 때문입니다. 생장점이 햇볕을 쬐면 줄기의 키가 쑥쑥 자랍니다. 그래서 해바라기가 마치 해가 움직이는 대로 졸졸 쫓아다니는 것처럼 보이게 한답니다.

하지만, 해바라기 줄기 끝에 꽃봉오리가 생겨 꽃이 활짝 피면, 이러한 움직임도 차츰 없어져 버립니다.

해바라기 꽃

식물은 늙어서도 키가 쑥쑥!

모든 식물은 줄기 끝과 뿌리 끝에 생장점이라는 것이 있습니다. 생장점에는 키를 자라게 하는 성장 호르몬이 들어 있습니다. 그래서 줄기가 하늘로 길게 뻗어 자라고 뿌리는 땅 속으로 길게 뻗어 나가는 것입니다.

만일 생장점이 있는 줄기 끝과 뿌리 끝을 잘라 버리면 어떻게 될까요? 줄기와 뿌리는 더 이상 자라지 않게 됩니다. 그러니까 식물은 생장점이 있는 한 계속해서 키가 자랍니다. 그러니 이 생장점이 있는 식물은 다 자라서는 더 이상 키가 자라지 않는 동물과는 매우 다릅니다.

잎이 나오는 모습도 저마다 가지각색

해바라기 줄기를 살펴보세요. 아래쪽은 잎이 두 장씩 서로 마주보고 나지요? 그런데 위쪽으로 가면 잎들이 서로 어긋나게 달려 있습니다. 아니, 해바라기가 왜 그럴까요? 그 까닭은 모든 잎이 햇빛을 골고루 받을 수 있게 하려고 일부러 그런 것이랍니다.

협죽도의 잎

패랭이는 잎이 두 장씩 마주 나고 있습니다. 튤립은 잎이 서로 어긋나게 납니다. 은행나무는 어떤가요? 짧은 가지에 잎이 다발처럼 뭉쳐 나오지요? 협죽도는 세 장 이상의 잎이 둥그렇게 나옵니다.

모두들 잎이 햇빛을 골고루 받을 수 있도록 저마다 가장 좋은 방법을 택하고 있습니다. 그래서 식물은 저마다 잎이 나오는 모양이 다릅니다.

16. 식물은 얼마나 오래 살 수 있을까?

며느리밥풀꽃을 보셨나요?

동자꽃이 산바람을 맞으며 붉게 피었습니다. 얼마 뒤 반가운 손님이 찾아왔습니다.

"나비야, 왜 이제 오니? 무슨 일이라도 생겼니?"

"반가운 소식을 전할게. 이곳에 꽃 친구가 새로 왔단다."

"정말?"

그 때, 어디선가 낯선 목소리가 들려 왔습니다.

"안녕하세요? 저는 며느리밥풀꽃이에요. 나비님한테 언니 이야기를 들었어요."

동자꽃이 놀라 바라보니, 저 쪽 바위틈에 짙은 분홍빛을 띤 꽃이 방실방실 웃고 있었습니다.

"어머, 너는 처음 보는 꽃이구나! 만나서 반가워."

동자꽃도 기뻐서 인사했답니다.

숲 속의 친구들은 모두가 며느리밥풀꽃을 몹

시 반기며 사랑해 주었어요. 저 멀리 사는 나비와 벌들은 일부러 찾아오기까지 하고요.

그러자 동자꽃은 속으로 은근히 걱정되었어요. 숲 속의 모든 친구가 자기보다 며느리밥풀꽃을 더 좋아하는 것만 같았거든요.

'며느리밥풀꽃이 없어졌으면 좋겠어!'

동자꽃은 이제 며느리밥풀꽃이 보기 싫었습니다. 그렇다고 그런 마음을 겉으로 나타낼 수는 없었어요. 소쩍새 아줌마와 벌 아저씨가 나무랄 테니까요.

어느덧 가을이 왔습니다.

"동자꽃 언니, 그 동안 고마웠어요. 언니 덕분에 전 마음 든든했어요. 이제 헤어지려니 언니에게 더 잘해 주지 못한 것 같아 마음이 아파요. 행복하세요."

며느리밥풀꽃이 공손하게 인사를 했습니다.

하지만 동자꽃은 퉁명스럽게 인사를 받았습니다.

"뭘, 알면 됐어."

가을이 가고, 겨울이 가고, 봄이 가고, 다시 여름이 왔습니다.

동자꽃은 그 어느 여름보다도 예쁘게 꽃을 피웠습니다. 그런데 아무리 둘러봐도 며느리밥풀꽃은 온데간데없었습니다.

'이 게으름뱅이! 아예 나타나지 마라. 그러면 내가 사랑을 독차지 하겠지?'

하지만 동자꽃은 그 밉기만 하던 며느리밥풀꽃의 소식이 자꾸 궁금해졌습니다. 그래서 소쩍새 아줌마에게 여쭈었답니다.

"아줌마, 며느리밥풀꽃 못 보셨어요? 여름이 다 가는데도 보이지 않아요."

"이런, 며느리밥풀꽃은 지난해에 죽지 않았니? 너한테 인사까지 했잖아!"

"네? 죽다니요? 그게 무슨 말씀이세요?"

동자꽃이 화들짝 놀라 되물었습니다.

"너는 여러해살이 식물이라서 해마다 꽃을 피우지만, 며느리밥풀꽃은 달라. 한해살이 식물이라서 오직 한 해만 살다가 죽는단다."

"아, 그랬군요! 나는 그것도 모르고……. 으흐흑."

동자꽃은 며느리밥풀꽃에게 따뜻한 말도 한 마디 못 하고, 그렇게 보낸 것이 가슴 아팠어요.

"다행히 며느리밥풀꽃의 씨앗이 저 건너 숲 속에서 꽃을 피웠단다. 그 꽃이 씨를 만들거든 내가 하나 물어다 주마."

"정말 고맙습니다. 꽃이 피면 그 아이의 할머니가 얼마나 착하고 예뻤는지 말해 줄 거예요!"

동자꽃은 눈물을 닦으며 다음 해 여름을 손꼽아 기다렸답니다.

한해살이 식물

식물이 싹을 틔우고 자라다가 죽기까지의 기간은 식물마다 다릅니다. 어떤 식물은 딱 한 해만 살다가 죽습니다. 심지어는 몇 달 또는 겨우 몇 주일 밖에 살지 못하는 식물도 있습니다. 이처럼 딱 한 번 꽃과 열매를 맺고 일생을 마치는 식물을 한해살이 식물이라고 합니다.

강아지풀

과꽃

여러해살이 식물

한해살이 식물과는 달리 여러 해 동안 꽃을 피우고 열매를 맺는 식물도 있습니다. 이런 식물을 여러해살이 식물이라고 합니다. 그 가운데서도 나무가 가장 오래 삽니다. 보통 몇 십 년, 몇 백 년은 거뜬히 삽니다. 우리나라에서는 1200살 먹은 은행나무가 가장 나이 많은 나무입니다.

동자꽃

제비꽃

엉겅퀴

두해살이 식물

달맞이꽃이나 익모초처럼 겨우 두 해만 사는 식물도 있습니다. 이런 식물을 두해살이 식물이라고 따로 부르기도 해요.

달맞이꽃

익모초

꽃은 잎이 변한 거래요.

맨 처음에는 잎이 양분을 만드는 일과 씨앗을 만드는 일 두 가지를 다 했습니다. 그러다가 차츰 어떤 잎은 양분만 만들고 어떤 잎은 씨앗만 만들게 되었습니다. 한 가지 일만 나누어 맡는 것이 자손을 남기는 데에 더 유리했기 때문입니다. 이 가운데 씨앗만 만들게 된 잎은 뒷날꽃이라고 불리게 되었습니다.

그렇다면 맨 처음의 꽃은 무슨 색이었을까요? 그래요, 잎처럼 초록색이었습니다. 양분을 만드는 데 쓰이는 엽록체를 그대로 가지고 있었기 때문입니다. 그러나 차츰차츰 시간이 지나면서 아주 쓸모없는 엽록체는 저절로 사라져 버렸습니다. 그제야 꽃은 울긋불긋 화려한 색으로 탈바꿈 할 수 있었습니다.

17. 왜 꽃마다 피는 시간이 다를까?

밤에 피는 게으름뱅이꽃

"달맞이꽃아, 너야말로 이 세상에서 가장 아름답구나! 내가 나올 때마다 다른 꽃들은 잠을 자 안타까웠는데, 네가 나를 반겨 주니 참 기쁘다. 자, 내 빛을 흠뻑 받으렴."

달이 달맞이꽃에게 속삭였습니다. 달맞이꽃은 수줍어서 얼굴이 빨개지고 말았지요. 지나가던 나비가 이 말을 듣고, 다음 날 다른 꽃들에게 전해 주었습니다.

그러자 튤립, 분꽃, 도라지꽃이 분통을 터뜨렸습니다.

"뭐라고? 달맞이꽃이 이 세상에서 가장 아름답다고? 우리 꽃밭에서 가장 못생긴 달맞이꽃이?"

"흥, 엉큼한 달맞이꽃 같으니라고. 남들이 꽃을 피울 때는 실컷 자고 남들이 잘 때에야 꽃을 피우는, 그런 게으름뱅이가 아름답다는 건 말도 안 돼. 달님도 눈이 어떻게 된 걸 거야."

튤립, 분꽃, 도라지꽃은 가만있을 수 없었습니다. 그래서 달맞이꽃을 놀려 대며 따돌리기 시작했답니다.

"얼레리 꼴레리, 달맞이꽃은 밤에만 피는 게으름뱅이래요!"

"얼레리 꼴레리, 달맞이꽃은 부엉이랑 친척이래요!"

그 바람에 달맞이꽃은 눈물을 펑펑 쏟고 말았습니다.

"아아, 왜 모두 나를 미워하는 거지? 나는 너무 외롭고 힘들어!"

달맞이꽃은 너무 슬퍼서 아무 생각도 나지 않았습니다. 그래서 날이 어두워지고 달님이 세상 밖으로 얼굴을 내밀었는데도, 꽃을 피울 생각도 하지 않았습니다. 왜 자신만 그토록 유별난 것인지 알 수 없다며 눈물만 흘릴 뿐이었습니다.

그렇게 며칠이 지났습니다. 달맞이꽃은 시름시름 앓기 시작했습니다. 그런데도 다른 꽃들은 그런 달맞이꽃을 거들떠보지도 않았습니다.

그러던 어느 날이었습니다. 나방이 날아와 달맞이꽃에게 물었습니다.

"달맞이꽃님, 대체 어디가 아픈가요? 무슨 병에 걸려 있길래 꽃도 피우지 못하고 시름시름 앓고 있나요. 네?"

나방이 몹시 걱정스러운 얼굴로 말했습니다.

"아아, 나방님! 그래도 나를 걱정해 주는 건 당신밖에 없군요. 나도 다른 꽃처럼 낮에 꽃을 피우기로 했답니다. 그러지 않으면 또 놀림을 받을 게 뻔하니까요. 그런데 그게 제겐 너무 힘들지 뭐에요."

달맞이꽃이 흑흑 흐느끼며 나방에게 이제껏 있었던 일을 들려 주었습니다.

"아이 저런! 이러다간 달맞이꽃님이 큰일 나겠네!"

나방은 가만히 있을 수가 없었습니다. 그래서 지혜로운 까치 할아버지를 찾아가 달맞이꽃의 사정을 전했습니다.

그러자 까치 할아버지가 꽃밭을 찾아와 튤립, 분꽃, 도라지꽃을 따끔히 혼냈습니다.

"애들아, 저마다 꽃이 피는 시간은 정해져 있는 거야. 나팔꽃은 해가 뜨기 전에 피고, 민들레나 튤립은 해가 뜬 뒤에 피는 것처럼 말이야. 또 분꽃은 오후에 피고, 달맞이꽃은 밤에 피지. 그건 계절마다 피는 꽃이 다른 것과 마찬가지란 말이다. 그런데 달맞이꽃더러 밤에 핀다고 놀리다니, 그럴 수가 있니? 어서들 사과하거라. 그러지 않으면 나의 이 날카로운 부리로 너희들을 쪼아 줄 테다!"

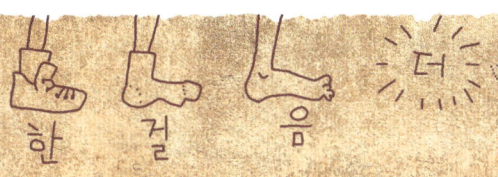
한 걸음 더

똑딱똑딱, 예쁜 꽃시계를 만들었어요!

새벽 세 시, 나팔꽃
새벽 여섯 시, 자주닭의장풀, 튤립
아침 여덟 시, 민들레

아침 아홉 시~열 시, 괭이밥
오전 열한 시, 아네모네
낮 열두 시, 제비꽃
오후 한 시, 솔잎채송화

민들레

솔잎채송화

오후 두 시~ 세 시, 도라지
오후 네 시, 분꽃

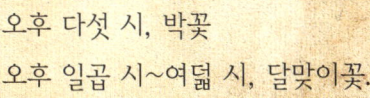
분꽃

오후 다섯 시, 박꽃
오후 일곱 시~여덟 시, 달맞이꽃.

달맞이꽃

왜 어떤 꽃은 아침에 피고, 어떤 꽃은 저녁에 피나요?

식물은 자신에게 가장 알맞은 환경에서만 꽃을 피웁니다. 하루에 쬐어야 할 빛의 세기와 양에 따라 알맞은 시간을 정해서 꽃을 피우는 것입니다.

이처럼 하루 중 시간과 온도에 따라 언제 일하고 언제 쉬어야 할지가 자기 몸 안에 이미 정해져 있는 것을 생물 시계라고 합니다. 생물 시계를 무리하게 바꾸면, 어떤 생물이라도 탈이 나고 맙니다. 그래서 모든 생물은 규칙적으로 생활하는 것이 좋아합니다.

밤에 피는 노란 달맞이 꽃

달맞이꽃

달맞이꽃은 우리나라 어디에서나 볼 수 있는 여름 꽃입니다.

달맞이꽃은 저녁 때 노랗게 피었다가 아침 햇빛이 비칠 때쯤 시듭니다. 그래서 밤에 활동하는 나방의 도움으로 꽃가루를 옮깁니다. 낮에는 활짝 핀 모습을 좀처럼 보기 어렵지만, 구름 낀 흐린 날이면 낮에도 활짝 핀 달맞이꽃을 볼 수 있습니다.

달맞이꽃은 칠레가 고향이래요.

식물을 관찰하면 날씨가 보여요

농사를 지으려면 날씨를 잘 알아야 합니다. 그런데 과학이 크게 발달하지 않은 먼 옛날에는 어떻게 날씨를 미리 알고 농사 준비를 했을까요?

우리 조상들은 식물이 자라는 모습을 눈여겨보았다가 농사지을 시기를 정했습니다. 조팝나무가 처음 꽃을 피우면 모내기를 하고, 여름 꽃인 나리가 필 때쯤에는 조를 뿌리거나 감자를 심었습니다.

또 식물을 관찰함으로써, 그 해에 가뭄이나 홍수가 있을지를 미리 내다보기도 했습니다. 다소곳이 고개를 숙여야 할 할미꽃이 고개를 세우면 가뭄이 들고, 맨드라미 꽃잎에 노란빛이 짙게 들면 홍수가 난다는 것을 안 것입니다.

어때요, 자연을 살피는 우리 조상들의 관찰력과 끈기가 참 슬기롭지요?

할미꽃

맨드라미

18. 식물도 결혼을 해요

참나리의 결혼식

짙은 주황빛 참나리꽃이 활짝 피었습니다. 부끄러운 듯 고개를 살짝 숙인 모습이 참 우아하군요. 그런데 살랑살랑 부는 바람 탓일까요. 참나리꽃에 있는 수술들이 저마다 흔들리고 있어요.

"오늘 우리 가운데 누가 신랑으로 뽑힐까? 그야 가장 똑똑하고 건강한 수술이겠지, 바로 나처럼. 푸하하하!"

아, 오늘 참나리꽃의 결혼식이 있나 보군요.

"녀석, 싱겁기는. 난 이 세상을 만든 하느님에게 불만이야. 암술은 하나인데 수술은 여섯 개라니, 말이 되냐고. 그래서 수술들이 서로 경쟁을 하게 되잖아. 암술에게 잘 보여서 신랑감으로 뽑히려고 말이야."

수술 하나가 강하게 불만을 털어놓자, 다른 수술들이 시무룩하게 대꾸하네요.

"난 우리 가운데 하나만이라도 결혼을 할 수 있으면 좋겠는걸."

그 때, 잠자코 있던 암술이 수술들을 위로했습니다.

"그동안 오빠들은 가장 튼튼하고 알찬 꽃가루를 열심히 만들었잖아요. 그러니 모두 결혼할 수 있을 거예요!"

"그래, 정말 그랬으면 좋겠다."

수술들이 모두 고개를 끄덕였습니다. 그 때, 암술이 반갑게 소리쳤답니다.

"어머, 오빠들! 저기 호랑나비가 팔랑팔랑 날아오고 있어요."

호랑나비는 참나리꽃 한 가운데 사뿐히 앉았습니다. 그러자 수술들이 저마다 자신의 사랑을 전해 달라고 나비에게 아우성쳤습니다.

"이봐, 나는 몸이 하나란 말이야. 오늘은 셋째 수술까지만 부탁을 들어 주지. 나머지는 다음 기회에!"

호랑나비가 머리를 설레설레 흔들며 말했습니다.

"나비님. 저의 꽃가루를 우리 옆에 있는 참나리 암

술에게 보내 주세요. 첫눈에 반했거든요."

"제 꽃가루는 꽃송이가 가장 큰 참나리의 암술에게 보내 주셔야 해요. 꼭이요."

"나를 받아 주는 암술이라면 난 누구라도 좋아요!"

첫째와 둘째, 셋째 수술이 차례대로 부탁했습니다. 나비의 몸에 꽃가루를 열심히 묻히면서 말이에요. 그 동안 나비는 참나리꽃이 대접한 달콤한 꿀로 배를 채우고 있었지요.

"나비님, 멋진 수술이 누구인지 좀 알아봐 주세요. 며칠 있으면 저도 다 자라서 결혼할 수 있거든요."

마지막으로 암술이 얼굴을 붉히며 부탁했습니다.

"그러지, 좋은 소식을 갖다 줄게."

나비가 빙그레 웃으며 날개를 팔랑거렸습니다. 그러고는 다른 참나리꽃을 찾아 날아갔습니다.

그런데 이런! 잠시 뒤에 투둑투둑하고 소나기가 쏟아지는 것이 아니겠어요?

"아이구, 하필 이럴 때 비가 오다니!"

"나비한테 묻힌 꽃가루가 빗방울에 다 씻겨 가면 어쩌지?"

수술들이 속상해 했습니다. 그러자 첫째 수술이 형답게 이렇게 말했습니다.

"걱정 말아라. 결혼하는 날에 비가 오면 신랑 신부가 행복해진대. 갑자기 비가 오는 걸 보니 어쩌면 우리의 사랑이 모두 이루어질지도 몰라. 그래서 멋진 씨앗을 만들게 될 거야."

꽃은 암술과 수술, 꽃잎과 꽃받침으로 이루어졌어요.

암술과 수술을 보호하려고 꽃잎이 생겼습니다. 꽃잎을 튼튼히 받쳐 주려고 꽃받침이 생겼습니다. 그러니 꽃받침과 꽃잎은 암술과 수술을 위해서 생겨난 셈입니다.

그런데 같은 꽃에 있는 암술과 수술은 서로 결혼하는 것을 피한답니다. 한 형제와도 같기 때문입니다. 게다가 대부분 한 꽃에 자라는 암술과 수술은 어른이 되는 시기가 서로 다릅니다. 박물관에 전시되어 있지요.

초등학생이 가장 궁금해 하는 식물 상식 18

아이, 수줍어라! 수술이 암술에게 청혼을 해요

화분낭

수술은 나비나 벌을 통해 다른 꽃에 있는 암술에게 꽃가루를 전합니다. 만일 암술이 그 꽃가루를 받아들이면 꽃의 결혼은 이루어지는 것입니다. 이것을 꽃가루받이 또는 수분이라고 합니다.

수술이 만드는 꽃가루는 그 크기가 아주 작습니다. 가장 큰 것이라도 지름이 0.2밀리미터밖에 되지 않습니다. 어떤 것은 올챙이처럼 둥근 모양에 꼬리가 달렸고, 또 어떤 것은 세모난 모양을 하고 있습니다.

참나리꽃

꽃은 참 지혜로워요!

수술의 꽃가루가 반드시 암술에게 전해지는 것은 아닙니다. 꽃가루를 나르던 나비나 벌이 아무데서나 꽃가루를 털어 버릴 수도 있습니다. 그래서 꽃은 암술보다는 수술을 더 많이 만들어야만 했습니다.

114 · 숨겨진 식물 이야기 30

이것은 더 좋은 씨앗을 만드는 효과도 가져왔습니다. 암술보다 수술이 더 많아지자, 수술들이 경쟁을 벌이기 시작했습니다. 누구보다도 우수한 꽃가루를 만들어야만 암술에게 선택되기 때문입니다.

결국 암술보다 수술이 더 많은 것은 더 좋은 씨앗을 만들어 건강한 자손을 남기려는 꽃의 지혜인 것입니다.

각 나라를 대표하는 식물들

나라마다 대표하는 식물이 있습니다. 이것을 국화라고 합니다. 우리나라 국화는 무궁화입니다. 무궁화는 1400년 전부터 우리나라 곳곳에 피는 식물입니다.

다른 나라는 어떤 식물을 국화로 삼고 있을까요?

무궁화

대한민국 : 무궁화
이집트와 카메룬 : 수련
프랑스 : 아이리스(붓꽃)
중국 : 매화
터키와 이란 : 튤립
러시아와 페루 : 해바라기
이탈리아 : 데이지

아이리스

19. 꽃이 피는 까닭은 무엇일까?

터미네이터 채송화의 비밀

 안녕, 나는 채송화야. 해님이 둥실둥실 떠오를 때쯤, 나도 신이 나서 덩실덩실 춤을 추듯 꽃을 피운단다.
 아, 참! 요즘은 명함 시대라지? 나도 며칠 전에 명함을 찍었어. 너희에게도 보여 줄게.
 내 잎겨드랑이에 흰 털이 나 있다니 믿기지 않는다고? 그럼 돋보기를 들고 직접 관찰해 보렴.
 지금 너희는 어려서 없겠지만, 너희도 뭐 어른이 되면 겨드랑이에 털이 나는 건 우리와 마찬가지 아니니?
 그래그래, 이제 내 별명이 왜 터미네이터인지 말해 줄게.
 그 까닭은 내가 생명력이 질기기 때문이야. 줄기를 끊어서

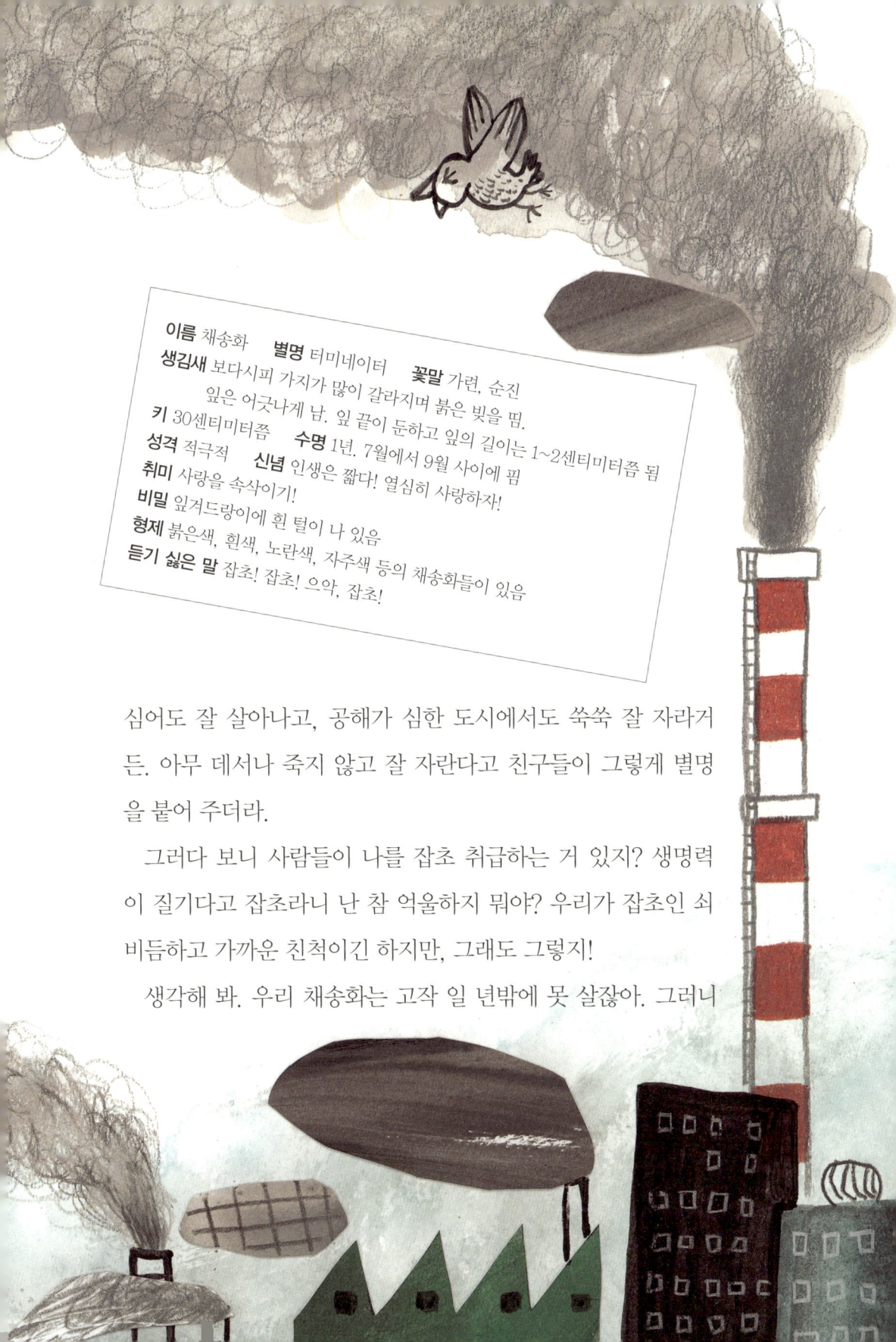

이름 채송화　**별명** 터미네이터　**꽃말** 가련, 순진
생김새 보다시피 가지가 많이 갈라지며 붉은 빛을 띰.
잎은 어긋나게 남. 잎 끝이 둔하고 잎의 길이는 1~2센티미터쯤 됨
키 30센티미터쯤　**수명** 1년. 7월에서 9월 사이에 핌
성격 적극적　**신념** 인생은 짧다! 열심히 사랑하자!
취미 사랑을 속삭이기!
비밀 잎겨드랑이에 흰 털이 나 있음
형제 붉은색, 흰색, 노란색, 자주색 등의 채송화들이 있음
듣기 싫은 말 잡초! 잡초! 으악, 잡초!

　심어도 잘 살아나고, 공해가 심한 도시에서도 쑥쑥 잘 자라거든. 아무 데서나 죽지 않고 잘 자란다고 친구들이 그렇게 별명을 붙여 주더라.
　그러다 보니 사람들이 나를 잡초 취급하는 거 있지? 생명력이 질기다고 잡초라니 난 참 억울하지 뭐야? 우리가 잡초인 쇠비름하고 가까운 친척이긴 하지만, 그래도 그렇지!
　생각해 봐. 우리 채송화는 고작 일 년밖에 못 살잖아. 그러니

우리가 찬밥, 더운밥 가릴 처지니? 아무 데서라도 일단 꽃을 피워야지.

물론, 우리가 왜 꽃을 피우는지는 알고 있겠지? 나비나 곤충에게 잘 보이려고 그러는 거라고? 사람들한테서 사랑을 받으려고?

글쎄, 아주 틀린 말은 아니야. 그러나 우리가 꽃을 피우는 진짜 이유는 자손을 이어갈 아기를 만들기 위해서야.

사람은 여자와 남자가 결혼하면 첫날밤을 보내지? 그런데 첫날밤을 안전하게 보내려면 신혼방이 있어야 하잖아. 마찬가지로 우리도 신혼방이 필요하단다. 바로 활짝 핀 꽃이 신랑, 신부가 사랑을 나눌 신혼방인 셈이지. 어때, 그러고 보니까 꽃을 피우는 식물은 꽤나 낭만적이지?

그리고 신부가 아기를 갖게 되면, 꽃잎이 지는 거야. 생각해 봐, 아기를 갖게 되었으니 다른 데 신경 쓸 틈이 어디 있겠어? 따지고 보면, 꽃이 피고 지는 것은 모두 씨앗을 만들기 위해서지.

이제, 내가 신념을 '인생은 짧다, 열심히 사랑하자'로 정한 까닭도 눈치 챘겠지? 그러다 보니, 자연스럽게 내 취미 생활도 사랑하기가 되어 버리고 말았어.

쉿! 귀를 기울여 봐. 아름다운 노래가 들리지 않니? 사르르 사르르, 바로 우리 채송화들이 사랑을 속삭이는 노래란다. 사실 이것이야말로 우리 채송화의 진짜 비밀인데, 낮에 채송화를 잘 살펴봐. 우리가 사랑을 어떻게 속삭이는지 볼 수 있을 거야.

꽃은 왜 피었다가 금세 질까요?

　채송화의 암술에 꽃가루가 붙지 못하도록 작은 봉투를 씌우면 어떻게 될까요? 해가 질 무렵까지 줄곧 피어 있을 것입니다.

　반대로 꽃이 막 피어나자마자 꽃가루를 뿌려 주면, 오전이라도 꽃이 집니다. 오전 아홉 시에 꽃가루를 뿌려 주면 오후 한 시쯤에, 오전 열한 시에 꽃가루를 뿌려 주면 오후 세 시쯤에 꽃이 집니다.

　이렇게 볼 때, 꽃은 꽃가루받이를 하기 위해 핀다는 것을 알 수 있습니다. 꽃가루받이를 하여 씨앗을 만들려는 것입니다.

붉은 채송화가 방긋방긋

꽃은 식물을 나누는 중요한 기준이에요.

지구에는 35만 종이 넘는 식물이 살고 있습니다. 이 가운데 10만 종이 꽃을 피우지 않는 식물입니다. 이끼, 고사리, 미역 같은 식물이 바로 그 보기인데 이런 꽃을 통틀어 민꽃식물이라고 합니다. 그리고 꽃을 피우는 식물은 꽃식물 또는 종자식물이라고 합니다. 이처럼 꽃은 식물을 나누는 중요한 기준이기도 합니다.

그런데 꽃을 피우지 않는 식물은 어떻게 씨앗을 만들까요?

꽃을 만들지 않는 식물은 씨를 잎에서 만듭니다. 이렇게 만들어진 씨를 홀씨라고 하고, 홀씨로 번식하는 식물을 포자식물이라고 합니다.

고사리 : 민꽃식물

채송화의 진짜 비밀, "혼자서도 잘해요."

대부분의 꽃은 곤충의 도움을 받아 꽃가루받이를 하지요. 그러나 채송화는 나비나 벌의 도움을 받을 수 없을 때에는 제 스스로 꽃가루받이를 합니다. 이것이 채송화의 생명력이 끈질긴 진짜 이유일 거예요. 또 잡초라고 불리는 까닭이기도 하고요.

날씨가 나쁠 때나 바위틈에 단 한 포기만 피어 있을 때면, 채송화를 잘 살펴보세요. 수술이 암술 쪽으로 기울어져 있는 것을 볼 수 있어요. 쉿! 채송화가 스스로 꽃가루받이를 하고 있는 중이에요!

먹을 수 있는 잡초

어디에서든 잘 자라고 흔하게 볼 수 있는 식물을 흔히 잡초라고 합니다. 언뜻 잡초는 쓸모 없는 풀이라고 생각하기 쉬워요. 하지만 봄날 시원하게 끓여 먹는 냉잇국, 구수한 쑥국이나 쫄깃한 쑥떡, 새콤한 달래 무침은 모두 잡초로 만든 먹을거리입니다. 왕고들빼기, 질경이, 미나리, 취나물, 돌나물, 쇠비름 등도 우리 식탁을 풍성하게 해 주는 잡초입니다.

미나리

질경이

참취

20. 꽃은 꽃가루를 어떻게 옮길까?

꽃가루 옮기기 누가 잘 하나!

오늘은 바로 '꽃가루 옮기기 누가 잘 하나' 대회가 열리는 날! 숲 속의 대운동장은 벌써부터 떠들썩합니다. 대회에 나가려는 숲 속의 이웃들이 대운동장을 가득 메웠기 때문이지요. 이것만 봐도, 이 대회가 얼마나 재미있고 흥미로운지 짐작할 수 있겠지요? 게다가 일등을 하면 일 년 동안 먹을 꿀을 상품으로 준다는데, 누군들 이 대회에 나가고 싶지 않겠어요.

"어이, 벌. 이번 대회에 괜히 나온 거 아냐? 보나마나 내가 일등을 할 텐데 말이야. 하긴, 참가하는 데만도 큰 의미가 있지. 하하하."

"무슨 소리? 꽃가루를 옮기는 데는 내가 선수야. 봄이면 봄, 여름이면 여름, 가을이면 가을, 이 꽃에서 저 꽃으로 부지런히 꽃가루를 옮겨 주잖아. 어쨌든 길고 짧은 건 대 봐야 알걸."

벌과 나비가 일등은 서로 제 몫이라고 으스댑니다. 또 한편에서는 개미와 나방이 큰소리로 떠들어 댑니다.

"나도 꽃가루 옮기는 데는 한몫 하지. 그런데 나방아, 너도 꽃가루를 옮기는 일을 하긴 하니? 넌 주로 밤에 움직이잖아."

"몰랐니? 밤에 피는 달맞이꽃이랑 박꽃은 내가 다 꽃가루를 옮겨주잖아."

그 때였습니다. 쌩! 어디선가 파리 한 마리가 날아왔습니다.

"설마 너도 대회에 나가려고, 온 건 아닐 테지?"

"아니긴 왜 아냐? 난 대회에 참가하려고 머나 먼 인도네시아에서 여기까지 온 걸."

나방이 궁금해 하자, 파리가 당연하다는 듯 대답했습니다.

"나 참. 네가 무슨 꽃가루를 옮긴다고 그 먼 데서 여길 오니?"

나비가 코웃음을 쳤습니다.

"모르는 소리 마. 난 이 세상에서 가장 큰 꽃인 라플레시아의 꽃가루를 해마다 옮겨 주고 있다고. 라플레시아는 우리 파리가 좋아하는 고기 썩는 냄새를 피워 우리를 애타게 부르지."

파리가 의기양양하게 말했습니다. 그런데 이번에는 박쥐가 선글라스를 끼고 어디선가 날아왔어요.

"아, 햇빛이 너무 눈부셔, 밤을 두고 하필 낮에 대회를 열게 뭐람? 선글라스가 아니었더라면 내 눈은 망가지고 말았을 거야."

"너도 이 대회에 나가려고?"

박쥐가 투덜거리는 소리를 듣고, 개미가 물었습니다.

"아니면 뭐 하러 힘들게 바다를 건너 왔겠니. 난 바오밥 나무에 케이폭 나무의 꽃가루를 옮겨 주고 있어. 이 나무는 나를 위해 꽃을 크게 피우지. 그것도 밤에 말이야. 그래서 맛있는 꿀을 먹게 해 줘."

한편 벌과 나비는 뒷전에 서서 이렇게 속삭이고 있군요.

"야, 난 우리만 꽃가루를 옮기는 줄 알았어."

"나도. 그나저나 대회가 만만치 않겠는걸."

바로 그 때였어요. 새 한 마리가 훨훨 날아와 숨을 헐떡이며 인사했습니다.

"안녕? 나는 동백꽃의 꽃가루를 옮겨 주는 동박새야. 사실 이 대회에 안 나오려고 했는데, 동백꽃이 하도 나가 보라고 권하기에 나왔어."

아, 정말 경쟁자가 매우 많군요. 그만큼 대회는 신바람 나겠죠?

한 걸음 더

곤충은 저마다 좋아하는 꽃 빛깔이 따로 있어요.

곤충은 아무 꽃이나 찾지 않습니다. 곤충은 대부분 모양이 화려하고 향기도 진한 꽃을 좋아할 뿐만 아니라, 또 저마다 좋아하는 빛깔이 따로 있습니다.

배추흰나비는 노란색 꽃을 특히 좋아하고, 빨간색 꽃은 거들떠보지도 않는답니다. 거꾸로 호랑나비는 빨간색 꽃을 좋아해서 빨간 꽃송이만을 찾아다닌다고 합니다. 꿀벌은 흰색과 노란색 꽃에 잘 모여듭니다.

배추흰나비

호랑나비

꽃가루 옮기기 누가 잘 하나! · 125

꽃이 선택한 중매쟁이들, 어서 모여라!

동박새

꿀벌은 꽃가루를 담을 수 있는 꽃가루 주머니가 따로 발달해 있습니다.

나비는 꽃 깊숙이 들어가 꿀을 먹기 좋게, 입이 길게 발달되어 있습니다. 입을 잘 살펴보세요. 언뜻 보면 기다란 수염처럼 보이지요?

동박새는 꽃에 있는 꿀을 빨아먹을 수 있도록, 부리가 길고 뾰족하게 생겼습니다. 특히 붉은 동백꽃을 좋아합니다.

박쥐

박쥐는 턱 끝에 가늘고 기다란 털이 나 있습니다. 이 털로 꽃가루를 쓸어 모아 혀와 코에 묻힌 뒤 꽃가루를 옮겨 줍니다. 박쥐는 나방과 더불어 밤에 피는 꽃의 대표적인 중매쟁이입니다.

바람이나 흐르는 물도 꽃의 중매쟁이라고요?

바람이 불 때, 꽃가루를 날려 보내는 꽃들도 있습니다. 소나무, 단풍나무, 버드나무, 옥수수, 참억새가 바로 그렇습니다. 왜 굳이 바람을 이용하냐고요? 그것은 이들 꽃에 곤충이나 새가 찾아오지 않기 때문입니다. 이들이 피우는 꽃은 아름답지도 않고, 또 달콤한 꿀을 만들어 내지도 않기 때문입니다.

물가나 물에 사는 연꽃, 나사말, 마름은 흐르는 물에 꽃가루를 흘려보내기도 합니다.

연꽃

마름

꽃은 왜 저마다 색이 다를까요?

꽃은 안토시안이나 카로틴이라는 색소를 가지고 있습니다. 안토시안을 가진 꽃은 빨간색이나 파란색, 보라색 꽃을 피우지요. 똑같은 안토시안인데도 왜 빛깔에 차이가 나느냐고요?

그것은 지역마다 흙의 성질이 다르기 때문입니다. 흙이 산성일 때는 빨간색, 염기성이나 중성일 때는 파란색이나 보라색이 됩니다. 카로틴을 가진 꽃은 노란색이나 빨간색 또는 주황색 꽃잎을 만듭니다. 색소가 아예 없는 꽃도 있습니다. 이런 꽃이 바로 흰색 꽃입니다. 색소가 없으니 빛이 반사되어 하얗게 보이는 것입니다.

21. 나무의 암수는 어떻게 구별할까?

여자 나무와 남자 나무?

아이고, 잡혔다! 저 남자 아이의 억센 손이 나를 덮쳐 버렸어. 친구인 여자 아이는 좋다고 박수를 치고……. 제발 살살 좀 만졌으면 좋겠다! 내 날개가 금방이라도 부러질 것 같단 말이야.

나는 곤충 채집 바구니에 갇히고 말았어. 다행히 여자 아이가 이렇게 말하는구나.

"나중에 잠자리를 하늘로 놓아 주자!"

"좋아!"

휴우, 살았다.

잠자리로 살아간다는 건 진짜 피곤해. 며칠에 한 번씩은 이렇게 사람들한테 잡히거든. 어

디 그뿐이야? 가끔씩 은 자동차가 지나가는 지 살펴야 하기 때문에 하늘을 마음껏 날아다니기도 어려워. 못 믿을지도 모르지만 우리 잠자리도 날아다니다가 자동차에 치여 죽는 수도 있거든.

아, 하늘을 올려다보니 노란 잎들이 햇빛에 반짝거리네. 맞아, 이 잎은 은행잎이야. 지금 여자 아이와 남자 아이는 은행나무 길을 걷고 있거든. 둘이 서로 좋아하는 사이인가 봐. 내내 손을 잡고 가니 말이야. 두 사람의 이야기를 잠시 들어 볼까?

"너 그거 알아? 은행나무는 여자 나무도 있고, 남자 나무도 있대. 그래서 여자 나무엔 여자 꽃만 피고, 남자 나무엔 남자 꽃만 핀대."

"그래? 그럼 어떤 나무가 여자 나무고, 어떤 나무가 남자 나무니?"

남자 아이의 말이 정말일까? 만일 그렇다면 나도 몹시 궁금해. 암꽃과 수꽃이 따로 피는 식물이 있다는 건 알고 있었지만 여자 나무와 남자 나무가 따로 자란다는 건 처음 듣는 말이거든.

암꽃은 암술만 있는 꽃을 말하는데, 너희 식으로 말하면 여자 꽃을 이르는 말이야. 수

꽃은 수술만 있는 꽃이지. 그러니 남자 꽃이라고 할 수 있겠지? 너희가 잘 먹는 호박이나 옥수수 같은 식물이 바로 그래. 나중에 잘 살펴보라고. 생김새가 서로 조금씩 다르니까 구별할 수 있을 거야. 암꽃은 밑이 볼록하고 수꽃은 밑이 밋밋하지. 암꽃의 그 볼록한 곳에서 옥수수가 생기고 호박이 생기는 거야.

옳아, 그러고 보니 여자 나무는 암꽃만 피는 암나무이고, 남자 나무는 수꽃만 피는 수나무이겠다!

"여자 나무에는 꽃도 피고 은행 열매도 맺지만 남자 나무에는 꽃만 핀대. 그러니까 은행이 열린 나무가 여자 나무지."

역시나! 열매는 암꽃이 맺는 거니까, 열매가 맺는지를 살펴보면 암수를 구별할 수 있겠네.

"그럼 가을이 돼야 누가 여자고 남자인지 알겠네? 그치?"

"응. 우리, 가을에 꼭 확인해 보자!"

"좋아! 그런데 모든 나무가 은행나무처럼 여자 나무와 남자 나무가 따로 있는 거야?"

"글쎄, 아마도 그럴 거야. 아, 참! 우리 잠자리 놓아 주자."

"벌써? 그래, 그러자. 또 잡으면 되니까."

야호! 남자 아이가 곤충 채집 바구니의 문을 여는구나. 파드득파드득! 휙!

나, 지금 하늘을 날고 있어. 저 아래로 남자 아이와 여자 아이가 손을 흔들고 있네. 그래, 우리 잠자리는 이렇게 하늘을 자유롭게 날고 있을 때가 가장 아름다운 거야!

여자 꽃 남자 꽃, 여자 나무 남자 나무가 따로 있어요!

1402년 우리나라에는 이제까지와는 다른 세계 지도가 만들어졌어요. 바로 식물은 보통 꽃 한 송이에 암술과 수술이 다 모여 있지만, 반드시 그런 것만은 아닙니다. 호박, 오이, 소나무는 암술만 있는 꽃과 수술만 있는 꽃이 따로 피어요. 암술만 있는 꽃을 암꽃, 수술만 있는 꽃을 수꽃이라고 합니다.

은행나무, 버드나무, 전나무는 아예 암꽃만 피는 나무와 수꽃만 피는 나무로 따로 자랍니다. 암꽃만 피는 나무를 암나무, 수꽃만 피는 나무를 수나무라고 합니다.

소나무 수꽃

은행나무 수꽃

소나무 암꽃

은행나무 암꽃

여자 나무가 좀 더 통통, 남자 나무가 좀 더 길쭉

버드나무 수꽃

버드나무 암꽃

은행나무나 버드나무를 모습만 보고 암나무인지 수나무인지 알아맞힐 수 있을까요? 꽃을 피울 시기가 되면 암나무와 수나무의 겉모습도 조금은 차이가 납니다. 함께 세워 놓고 보면 암나무가 키가 더 작고 몸매는 통통한 반면 수나무는 길쭉하고 크게 뻗는 모습을 하고 있습니다. 하지만 웬만한 전문가가 아니면 그 차이를 알아내기 힘듭니다.

그러니 가장 쉽고 정확한 방법은 나무가 피운 꽃을 보고 암수를 구별하는 것입니다.

어? 같은 종의 나무인데도 모양이 달라요.

넓은 곳에서 혼자 자란 나무는 가지를 많이 내서 잎이 무성합니다. 그것을 받치고 있는 나무 기둥도 굵고 우람합니다. 그러나 다른 나무에 빽빽이 둘러싸여 자란 나무는 전봇대처럼 키만 길쭉하고 빼빼 말랐습니다. 이처럼 다른 나무에 빽빽이 둘러싸여 자랐는지 그렇지 않은지에 따라 나무 모양도 많이 다릅니다.

만일 나무 두 그루를 아주 가까이 심어 놓으면 어떻게 될까요? 마치 하나의 나무를 반으로 나눈 것처럼, 한 그루는 왼쪽으로만 또 한 그루는 오른쪽으로만 자랍니다. 이것은 두 나무가 서로 햇볕을 똑같이 나누어 쬐는 방법을 찾은 결과입니다.

식물도 서로 싸움을 한대요.

식물끼리도 서로 경쟁을 하고 싸움을 걸기도 합니다. 동물처럼 날카로운 이빨이나 발톱이 없는데, 어떻게 그럴 수 있냐고요? 식물은 잎이나 뿌리에서 화학 물질을 만들어 다른 식물이 제 주변에 얼씬거리지 못하도록 막는답니다.

파를 썰거나 마늘을 찧을 때는 눈이 맵잖아요. 이 매운 성분이 바로 파나 마늘이 만들어 낸 화학 무기인 셈입니다. 이 매운 물질로 다른 식물이 주변에서 자라지 못하도록 공격하는 것입니다.

소나무는 주변에 잡초나 다른 식물이 자라지 못하도록 뿌리에서 이상한 물질을 뿜어냅니다. 그래도 다른 나무가 자라기 시작하면 소나무 씨는 빨리 싹을 틔워 먼저 빈자리를 차지하려고 합니다. 다른 나무가 소나무보다 더 많아지지 않게 하려는 것입니다. 아카시아 나무 역시 뿌리혹박테리아를 이용한 왕성한 번식력으로 주변 다른 식물들과의 경쟁에서 늘 이기지요.

어때요? 동물의 세계 못지않게 식물의 세계도 참 놀랍고 흥미롭지요?

아카시아 나무

22. 씨앗은 어떻게 만들어질까?

와, 꽃이 졌다!

"와, 꽃이 졌다!"
어른 개미들이 신나서 제비꽃 아래로 우르르 몰려들었습니다.
"제비꽃이 진 게 뭐가 그리 기쁜 거지?"
아기개미 똘금이도 머리를 갸웃거리며 어른들을 따라갔습니다.
봄에 피었던 그 예쁜 보랏빛 꽃잎은 이미 모두 지고 없었습니다. 대신 열매가 맺혀 아래쪽으로 고개를 숙이고 있었지요.
"며칠 전 나비가 왔다 가더니만……. 며칠 더 지나면 열매가 여물면서 위쪽으로 향하겠어요, 그렇죠?"
어른 개미들이 즐겁게 속삭입니다. 생각만 해도 군침이 넘어가는지 침을 꼴깍 삼키기

도 합니다. 이때부터 어른 개미들의 큰 관심거리는 제비꽃 열매가 얼마나 살이 오르는가 하는 것이었답니다.

"아휴, 어제보다 더 통통한데!"

"조금 있으면 곧 열매가 세 갈래로 툭 터지겠어!"

똘금이는 왜 어른 개미들이 그런 말을 하는지 알 수가 없었습니다.

그러던 어느 날입니다. 툭! 툭! 여기저기서 제비꽃 열매가 세 갈래로 터지기 시작했습니다. 열매가 터질 때마다 짙은 갈색을 한 씨앗들이 튀어나왔습니다. 그러자 개미들이 땅에 떨어진 씨앗을 먼저 차지하려고 서로 아우성이었습니다.

"이거 놔! 내가 먼저 봤으니까, 내 거란 말이야."

"무슨 소리! 먼저 잡은 개미가 임자지! 넌 저기 돌 밑에 있는 거나 차지하라고."

또 여기저기서 힘쓰는 소리가 들립니다.

"영차, 영차!"

개미들이 저마다 제비꽃 씨앗을 집안으로 끌고 가는 소리랍니다.

아기개미 똘금이는 눈이 휘둥그레져서 우두커니 보고만 있었습니다.

"얘, 넌 뭐하니? 너도 빨리 하나 집에 가져가서 먹으란 말이야!"

지나가던 개미 아줌마가 답답하다는 듯이 소리쳤습니다.

그제야 똘금이도 씨앗

와, 꽃이 졌다! · 135

하나를 끌고 집안으로 들어왔습니다. 그러고는 남들처럼 씨앗에 붙어 있는 부드러운 살을 먹기 시작했어요.

"냠냠! 정말 꿀맛이네! 이래서 어른들이 제비꽃 지는 것을 좋아했구나!"

똘금이는 제비꽃 씨앗의 맛에 홀딱 반해 버렸습니다.

그런데 이번에는 개미집마다 힘쓰는 소리가 터져 나옵니다.

"영차, 영차!"

살을 먹고 남은 단단한 씨앗을 개미들이 집 밖으로 내다 버리는 소리였습니다. 똘금이 역시 단단한 씨앗을 밖으로 내다 버렸습니다.

그러고는 아쉬운 듯 중얼거렸습니다.

"이 딱딱한 씨앗이 모두 살이면 얼마나 좋을까?"

그때, 이웃집 개미 아줌마가 그 소리를 듣고 "호호" 웃으며 말했습니다.

"씨앗은 제비꽃의 아기란다. 그러니 내년 봄에 네가 버린 그 곳에서 제비꽃이 필거야. 그러면 또 맛있는 열매를 실컷 먹을 수 있지."

"와, 그럼 이 씨앗은 참 소중한 것이네요? 그런데 씨앗은 어떻게 생기는 거죠?"

"뭐라더라? 수정이 이루어져야 한다던데……. 나비나 벌한테 물어 보면 잘 알 수 있을 거다."

개미 아줌마는 그렇게 일러 주고는 집으로 들어갔습니다. 똘금이도 내일 나비에게 물어야겠다고 생각하며 집으로 돌아갔답니다.

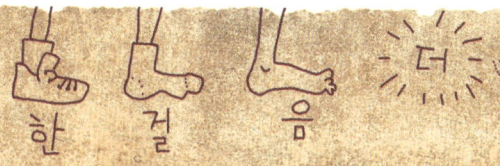

수리수리 마수리, 소중한 씨앗이 생기는 비밀

사람이 결혼하면 예쁜 아기를 갖게 되듯이 꽃도 꽃가루받이를 하고 나서 소중한 씨앗을 만듭니다. 그러면 씨앗은 어떻게 만들어질까요?

꽃의 수술은 밀가루처럼 매우 부드러운 꽃가루를 만듭니다. 그리고 꽃의 암술에는 씨가 만들어지는 장소가 있습니다. 그 곳을 씨방이라는 하는데 그 안에 밑씨가 들어 있습니다.

씨앗은 바로 밑씨와 꽃가루가 만나서 생기는 것입니다. 이 때 밑씨와 꽃가루가 만나서 하나가 되는 것을 수정이라고 합니다.

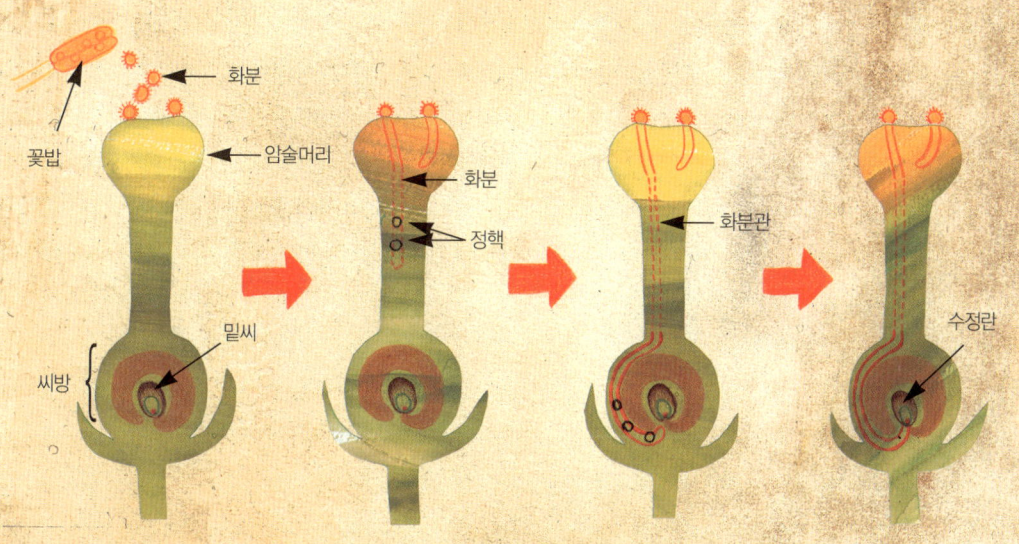

식물의 수분과 수정

식물의 씨앗은 잠자는 숲 속의 공주예요.

씨앗은 적당한 물과 공기, 온도가 모두 갖추어졌을 때만 싹을 틔웁니다. 그렇지 않으면 적당한 조건이 준비될 때까지 깊은 잠을 잡니다. 질경이, 명아주 같은 잡초의 씨앗은 20년을 넘게 잠을 자고 있다가도 언제든지 싹을 틔울 수 있답니다.

그래서 씨를 파는 가게에서는 씨앗을 오랫동안 보관하려고 일부러 잠을 재우기도 합니다. 하지만 너무 오랫동안 잠을 자면 씨앗도 목숨을 잃는 수가 있다니 조심해야겠지요?

민들레 씨앗

식물은 씨앗을 어떻게 멀리 퍼뜨리나요?

민들레, 엉겅퀴, 버드나무의 씨앗은 솜털이 달여 있어 바람을 타고 멀리 흩어집니다.

도깨비바늘, 도둑놈의 갈고리의 씨앗은 갈고리나 침이 있습니다. 이런 씨앗들은 갈고리나 침을 써서 지나가는 동물의 몸에 달라붙었다가 나중에 적당한 곳에서 땅에 떨어져 싹을 틔웁니다.

참외나 찔레나무는 열매를 만듭니다. 동물이 그 열매를 먹고 나서 씨는 뱉어 내면, 그 씨가 땅 속에 있다가 싹을 틔웁니다. 그냥 삼키기도 하는데, 그러면 씨가 나중에 똥에 섞여 나와 싹을 틔웁니다.
　겨자씨나 제비꽃의 씨는 꼬투리가 터져 팅겨 나갑니다. 다람쥐가 나중에 먹으려고 땅에 묻어 둔 도토리가 싹을 틔우기도 합니다. 연꽃처럼 물에 떠내려가는 것도 있습니다.

도깨비비늘 씨앗

스스로 씨를 심는 땅콩

　땅콩이 자라서 꽃가루받이를 하고 나면, 씨 꼬투리(땅콩 껍질)가 생기고 그 안에서 땅콩 열매가 자랍니다. 열매가 다 익어 갈 즈음이면 씨 꼬투리는 꽤 무거워집니다. 결국 그 무게를 이기지 못한 줄기는 땅 밑으로 고개를 숙이게 되고 나중에는 씨 꼬투리가 아예 땅에 묻혀 버리지요. 그러니 땅콩이 스스로 씨를 심는다고 할 수밖에요.
　이만하면 왜 이름이 땅콩인지 눈치 챘나요? 땅콩을 거둬들일 때, 감자처럼 땅에서 캐내기 때문입니다. 땅콩은 맛이 고소하고 영양도 풍부합니다. 또 비누를 만드는 데에도 쓰여요.

땅콩

23. 과일은 어떻게 생길까?

감나무에서 감이 저절로 툭!

하늘이 맑고 높은 가을입니다. 감나무에 매달린 붉은 감이 더욱 멋스러워 보입니다. 순영이는 이웃집 소희랑 외할머니댁 뒤뜰 감나무 밑에서 공기놀이를 하고 있었습니다.

툭! 감 하나가 순영이 발 옆으로 떨어지면서 터져 버렸습니다.

"엄마야!"

순영이와 소희가 화들짝 놀라 소리를 질렀습니다. 감 찌꺼기들이 순영이와 소희의 얼굴에 튀었지만 이 정도라서 다행입니다. 하마터면 감이 순영이 머리 위로 떨어질 뻔 했거든요.

두 사람은 옷깃으로 얼굴을 닦아 내며 뭐가 우스운지 까르르 웃었습니다. 그리고는 고개를 들어 감나무를 쳐다보았습니다.

"누가 감을 떨어뜨린 거지?"

"까치가 그랬나 봐."

하지만 감나무에는 까치 한 마리도 보이지 않았습니다.

"이상하다. 누가 그랬지? 바람이 떨어뜨렸나?"

순영이가 고개를 갸웃하자 소희가 대꾸했습니다.

"애는! 언제 바람이 불었다고 그래? 감이 익어서 저절로 땅에 떨어진 걸 거야."

"저절로 떨어졌다고? 말도 안 돼. 감이 왜 일부러 감나무에서 떨어진단 말이야? 감한테는 감나무가 엄마와도 같은 건데."

"아냐, 내 말이 맞아. 과일은 사람이 따지 않아도 익으면 저절로 땅으로 떨어진다고."

"그래도 이상해. 믿을 수 없어."

"뭐라고? 넌 서울에서만 살아서 잘 알지도 못하면서 왜 그러니?"

순영이는 그럴 리가 없다고 계속해서 우기자 소희가 버럭 화를 내더니 벌떡 일어나 집으로 돌아가 버렸습니다.

순영이는 시무룩해져서 할머니에게로 갔습니다.

"소희랑 싸웠니?"

"할머니, 있잖아요……."

순영이는 아까 있었던 일을 그대로 할머니에게 전했습니다.

"소희 말이 맞아. 나무 열매는, 그러니까 과일은 자신이 다 익으면 사람이나 짐승이 찾아와 따 먹기를 바라거든. 그런데 아무도 따 가지 않으면 과일은 스스로 땅에 떨어져 버린단다."

"정말요? 내가 나무라면 누가 과일을 따 갈까 봐 걱정일 텐데."

"호호호. 잘 들어 보렴. 열매는 안에 씨를 보호하고 있어. 그런데 식물은 움직이지 못하니까 동물들이 자기 열매를 먹어 주어야만 씨를 멀리 퍼뜨리게 되는 거야. 짐승이 과일을 먹을 때 씨는 따로 뱉어 내지. 그렇게 해서 씨가 떨어진 자리에서 나중에 새싹이 나오게 된단다."

"어휴, 난 그것도 모르고……."

할머니 말을 다 듣고 난 순영이는 아까 일이 후회되었습니다.

"할머니, 나 잠깐 나갔다 올게요."

순영이가 밖으로 뛰어나갔습니다. 할머니는 그런 순영이를 보며 빙그레 웃으셨습니다. 순영이가 어디에 가는지 훤히 짐작이 갔기 때문입니다.

달콤한 과일은 어떻게 생길까요?

열매는 꽃의 한 부분이 변해서 생긴 것입니다. 이 가운데에서 먹을 수 있는 것을 과일이라고 합니다. 앵두, 감, 포도 등은 암술의 씨방이 자라서 만들어진 열매인데 이런 열매를 참열매라고 합니다. 그리고 사과, 배, 딸기 등은 꽃받기나 꽃받침이 씨방과 함께 자라서 만들어진 열매로 이런 열매를 헛열매라고 합니다. 꽃받기는 꽃받침, 꽃잎, 수술, 암술 모두를 받치고 있는 것입니다.

사과꽃

아직 덜 여문 사과 열매

왜 과일이 익으면 스스로 땅에 떨어지나요?

과일이 익으면, 누가 따지 않아도 스스로 땅에 떨어집니다. 열매를 거름으로 하여 씨를 퍼뜨리려는 것입니다.

그런데 대부분은 스스로 떨어지기 전에 사람이나 짐승들이 열매를 따 먹습니다. 그것도 식물에게는 반길 만한 일입니다. 짐승들이 열매를 먹고 씨앗을 뱉으면, 그 자리에서 씨앗은 알맞은 때를 기다렸다가 싹을 틔우기 때문입니다. 그래서 식물은 자신의 열매가 좀 더 눈에 잘 띄도록 먹음직스럽고 아름다운 빛깔로 꾸미는 것입니다. 또 자꾸 먹고 싶은 마음이 들도록 열매의 맛도 훨씬 더 달콤하게 만듭니다.

바라밀

열대 지방에서 자라는, 가장 큰 과일

세계에서 가장 큰 과일은 바로 바라밀이랍니다. 길이가 30~80센티미터나 되고 무게도 무려 10~20킬로그램이나 나갑니다. 바라밀은 한 해 내내 날씨가 더운 곳에서 자라는 열대 지방의 과일입니다.

열대 지방의 과일로는 파인애플과 바나나를 빼놓을 수 없습니다. 망고스틴이라는 과일은 그 맛이 아이스크림처럼 달고 시원하며 향기도 독특해서 매우 인기가 높습니다. 이 밖에도 망고, 애보카도, 파파야가 있답니다.

울릉도에서만 자라는 너도밤나무

먼 옛날, 울릉도 사람들이 밤나무 백 그루를 심게 되었대요. 그래야만 큰 난리를 막을 수 있다고 산신령이 귀띔해 주었거든요.

마을 사람들이 밤나무 백 그루를 다 심자, 산신령이 그 수를 세어보았어요. 그런데 아무리 몇 번을 세어 보아도 딱 한 그루가 모자란 것이 아니겠어요?

"어허, 백 그루를 심지 않으면 큰일이 생길 것이라고 했거늘!"

산신령이 울릉도 사람들에게 크게 화를 냈어요.

그 때 커다란 밤나무 사이에 있던 작고 보잘것없어 보이는 나무 하나가 외쳤어요.

"나도 밤나무인데요!"

"뭐라고? 너도 밤나무라고?"

산신령이 깜짝 놀라 되물었지요. 그 뒤부터 울릉도의 밤나무는 모두 '너도밤나무'라고 불리게 되었대요. 너도밤나무는 울릉도에서만 자라는 밤나무랍니다.

어떤 식물이 바로 그 식물은 아니지만, 전체적으로 어떤 식물과 비슷하게 생겼을 때 비슷한 식물의 이름에다 '너도, 나도'라는 말을 붙여 꽃 이름을 붙이는 경우가 더러 있답니다. 너도바람꽃, 나도바람꽃 같은 식물도 그런 보기입니다.

너도밤나무

너도바람꽃

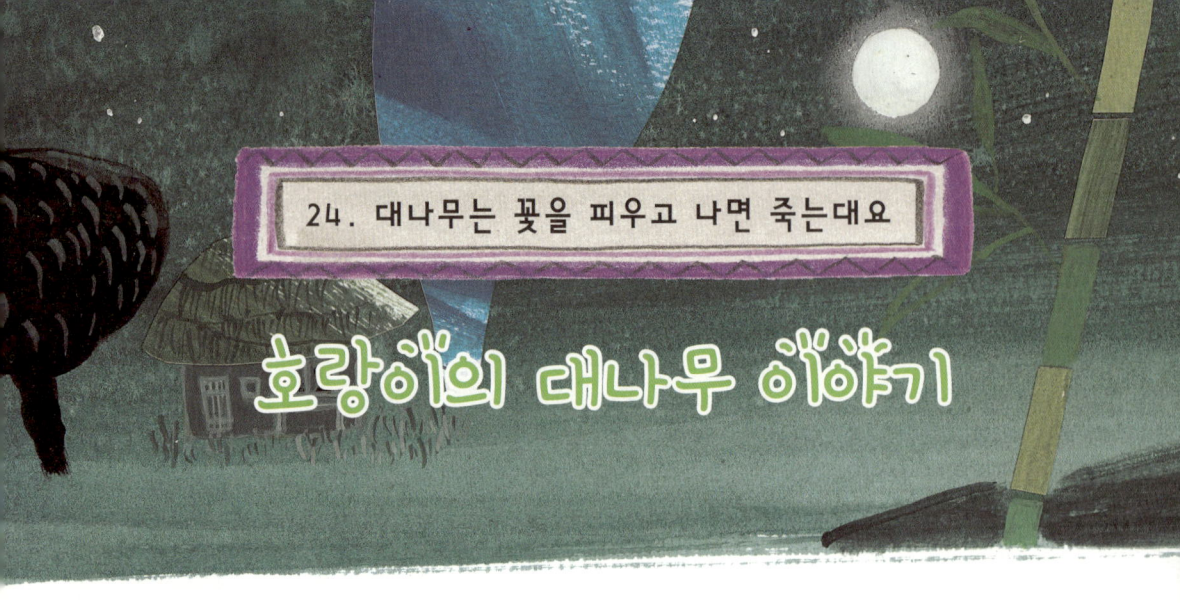

24. 대나무는 꽃을 피우고 나면 죽는대요
호랑이의 대나무 이야기

　지금 바람이 불고 있니? 그러면 가만히 귀 기울여 보렴. 아마도 어디선가 "우웅" 하는 길고 나지막한 소리가 바람을 타고 들려 올 거야. 그 소리는 바로 대나무 숲에서 나는 울음소리야. 그리고 우리 호랑이의 고향 소리이기도 하고. 그게 무슨 말이냐고?

　스무 해도 훨씬 넘은 일이야. 마치 음악가가 악기를 켜는 것처럼, 그 날도 바람은 나뭇잎들을 섬세하게 다루고 있었지. 그 때, 우리 할아버지가 말씀하셨어.

　"애야, 저 소리가 들리니?"

　"바람 소리요?"

　"아니, 아니. 마음의 귀를 잘 기울여 봐라. '우웅' 하는 소리가 들려올 게다."

　나는 할아버지 말씀대로 눈을 감고 마음으로 바람 소리를 들었어. 그러자 정말 그런 소리가 들려오는 것 같았단다.

　"네, 들려요. 우웅 하는 울음소리! 그런데 누가 내는 소리죠?"

　"바로 대나무 숲에서 나는 소리지. 꽃이 피는 것이 두려워서 대나

무들이 슬피 우는 거란다."
"네? 대나무도 꽃을 피우나요?"
내가 깜짝 놀라서 되물었지. 할아버지는 고개를 끄덕이며 말씀하셨어.
"대나무는 거의 60년 만에 한 번 꽃을 피운단다. 꽃 모습은 벼나 억새에서 피는 꽃과 비슷해. 그런데 이상한 것은 꽃을 피우고 나면, 그 다음 해엔 대나무들이 다 죽는단다."
난 할아버지의 말이 도무지 믿기지 않았어. 꽃이 피면 그다음 해에는 대나무가 모두 죽는다니, 그런 해괴한 일이 어디 있겠니. 꽃은 피우는 건 후손을 남긴다는 뜻이기도 한데 말이야.
"대나무는 꽃을 피워 씨앗을 만드는 식물이 아니야. 대나무는 우리가 땅 위에서 보는 줄기 말고도 땅 속에서도 줄기를 키우고 있어. 이 땅 속의 줄기가 뻗어 나가 새로운 싹을 틔우는 거지."

할아버지 말씀에 나는 당장 궁금해졌어. 땅 속의 줄기로 새로운 싹을 틔운다면 대나무는 뭐 하러 꽃을 피울까, 또 꽃을 피우면 왜 죽게 되지 하고 말이야. 하지만 미처 할아버지에게 여쭈어 보지를 못했어. 할아버지가 슬픈 목소리로 이렇게 말씀하셨거든.

"대나무밭이 다시 울창하게 살아나는 데는 무려 10년이 걸리지. 그런데 대나무 숲에서 나는 울음소리를 들었으니 이제 대나무와 만날 날도 얼마 남지 않았구나. 어쩐지 마음이 울적해지는구나. 옛날엔 대나무 숲이 바로 우리 호랑이의 보금자리였단다. 비록 지금은 이렇게 동물원 우리 안에 갇혀 사는 신세가 되었지만 말이다."

할아버지는 슬픈 듯이 밤하늘을 올려다보셨어.

"대나무 이야기는 나 역시 할아버지에게서 들은 이야기란다. 또 할아버지는 할아버지의 할아버지에게서 들은 이야기이고……. 그러나 저러나 우리 호랑이들이 다시 대나무밭에서 살날이 언제나 올는지……."

어느 새 할아버지의 눈에 눈물이 가득 고이셨어. 난 그제야 비로소 알게 되었지. 우리 호랑이들이 처음부터 동물원 우리 안에 살던 게 아니라는 걸.

대나무는 60년 만에 한 번 꽃을 피웁니다.

대나무는 보통 7~8년을 삽니다. 원래 꽃을 피우는 식물도 아니예요. 그런데 60년에 한 번씩 꽃을 피운다니, 참 알쏭달쏭한 일이지요?

대나무에 피는 꽃은 마치 벼꽃처럼 생겼다고 합니다. 그런데 왜 60년에 한 번씩 꽃을 피우는 것일까요. 안타깝게도 그 까닭은 아직 밝혀지지 않았습니다. 그래서 일까요, 대나무에 꽃이 피면, 나라에 좋은 일이 생긴다는 이야기가 전해 오기도 하고, 반대로 나라에 좋지 않은 일이 일어난다고 하기도 합니다.

왕대

대나무꽃

대나무는 왜 꽃을 피우면 죽을까요?

그 까닭은 잎이 날 자리에서 대나무 꽃이 피기 때문입니다. 잎은 햇빛을 받아들여 대나무에 필요한 양분을 만듭니다. 그런데 잎 대신 꽃이 피었으니 대나무가 더 이상 양분을 만들 수 없겠지요? 그래서 대나무에 꽃이 피면 그 대나무는 이듬해에 죽는 것이랍니다.

우후죽순이 무슨 뜻이에요?

대나무는 땅속에도 줄기를 키우고 있습니다. 이 땅속줄기에는 마디마다 눈이 달려 있습니다. 그래서 비라도 내리면, 땅속줄기가 땅 밖으로 솟아올라 여기저기에서 눈이 싹트기 시작합니다. 이것을 빗대어 '우후죽순'이라는 말도 생겼습니다. 우후죽순은 본디 비 온 뒤의 죽순이란 뜻인데, 많은 일들이 한꺼번에 일어난다는 것을 빗대는 말입니다.

또 대나무는 하루에 무려 50~60센티미터씩 자라는데 두 달이 지나면 큰 대나무로 성장합니다.

붓꽃, 딸기, 칡, 고구마 등도 대나무처럼 땅속줄기로 자손을 이어 가는 식물입니다.

붓꽃

옛 선비들이 사랑한 식물, 사군자

예부터 우리나라 선비들이 사군자라고 하여 그 모습을 그리거나 시로 노래한 네 가지 식물이 있습니다. 바로 대나무, 매화, 난초, 국화입니다.

대나무는 한 해 내내 푸르고, 줄기가 곧게 자라고, 속이 텅 비어서, 마치 욕심 없고 깨끗한 선비의 모습과 같다고 합니다.

매화는 추위가 다 가시지 않은 이른 봄에 꽃을 피워 사랑을 받습니다.

난초는 고귀하고 지조 있는 여인과 같다고 합니다.

국화는 선비들의 생활 속에 늘 함께 한 꽃이었습니다. 국화로 술을 담가 먹고, 전을 부쳐 먹기도 하고, 약으로 쓰기도 했습니다.

난

매화

대나무

국화

25. 씨앗 없어도 번식하는 식물도 있어요

딸기한테 마당발이 있다고?

탐험가 개미가 길을 걷고 있었습니다. 그 때, 어디에선가 매우 향기로운 냄새가 났습니다. 개미는 냄새가 나는 곳으로 찾아갔습니다.

"와! 딸기밭이다."

개미가 신이 나서 외쳤습니다.

"안녕, 딸기야! 나는 탐험가 개미란다. 네 딸기 열매 하나 줄 수 없겠니?"

"좋아, 그 대신 재미있는 이야기 하나 들려주렴!"

"그야 어렵지 않지. 이건 내가 아프리카를 탐험할 때의 이야기인데 말이야……."

개미가 탐험 이야기를 재미있게 알콩달콩 들려주었습니다.

"와, 나도 내 눈으로 직접 보고 싶어! 사자 머리카락이 몇 올인지 세보고 싶고, 또 코끼리 코가 얼마나 긴지도 만

져 보고 싶어."

딸기는 개미에게 딸기 열매 하나를 주면서 말했습니다. 딸기의 눈이 호기심으로 반짝반짝 빛나고 있었습니다.

"하하하! 그거 참 재미있는 생각이구나!"

개미가 크게 소리 내어 웃고 나서 탐스럽게 익은 딸기 열매를 먹기 시작했습니다.

"잘 먹었어. 네 열매는 향기롭고 맛도 아주 달콤해. 배불리 먹게 해 주어서 고마워. 이제 나는 또 길을 가야해."

개미가 인사를 하며 떠날 채비를 했습니다. 그러자 딸기가 불쑥 이렇게 말했습니다.

"나, 결심했어. 너와 함께 갈 테야!"

"뭐라고? 넌 걷지도 못하잖아! 보다시피 난 덩치가 작아서 너를 업거나 끌고 갈 힘도 없어!"

개미가 어림없다는 듯 딱 잘라 말했습니다.

"걱정 마. 난 걷지는 못하지만, 기어갈 수는 있다고!"

"네가 기어간다고? 거짓말!"

"못 믿겠으면 내가 보여 주지. 봐, 나에게는 발이 있어!"

딸기가 가는 줄기 하나를 힘차게 흔들어 보였습니다. 그러자 개미가 기가 막히다는 듯이 고개를 설레설레 흔들었습니다.

"넌 참 못 말리는 식물이구나! 그렇게 생억지를 부리니 말이야!"

그래도 딸기는 물러서지 않고 말했습니다.

"이 줄기를 기는줄기라고 부르지. 왜냐 하면, 그 이름대로 땅 위를 기어가는 줄기이니까. 난 기는줄기로 식구를 늘려 간단다, 보렴."

딸기가 말을 끝내자마자, 정말 딸기의 기는줄기가 땅 위를 기어가 뿌리를 내리는 것이었습니다.

"봤지? 며칠 있으면 여기에서도 달콤한 딸기가 열릴 거야. 그러고 나면 기는줄기는 또 식구를 늘려 갈거야. 씨로 번식하지 않고 자기 몸의 한 부분에서 새로운 식물을 만들어 가는 것을 영양 생식이라고 해."

"와, 믿기지 않아. 정말 놀라워!"

"난 이런 식으로 이 넓은 딸기밭을 만들었어. 세상 구경도 이렇게 영양 생식을 하면서 기어가면 돼. 난 꼭 넓은 세상을 다 구경할 거야. 그러니 네가 길을 안내해 주면 고맙겠어."

"그건 안 돼. 세상이 얼마나 넓은데! 아프리카도 철새들의 도움을 받아서 겨우 갔다 올 수 있었다고. 그럼, 난 이만 갈래. 안녕!"

개미가 부리나케 인사하고는 도망치듯이 가 버렸습니다. 딸기는 개미가 사라진 쪽을 오랫동안 바라보며 중얼거렸습니다.

"흥, 두고 보라지! 난 꼭 이 넓은 세상을 어디든 기어가서 구경할 거야. 그리고 모두 달콤한 딸기밭으로 만들어 버릴 테야!"

한걸음 더

줄기나 뿌리로 자손을 이어가는 식물도 있습니다.

딸기와 미나리아재비는 가는 줄기를 뻗어 새싹을 틔웁니다.

감자는 덩이줄기로 자손을 이어 갑니다. 덩이줄기란 땅 속에 있는 줄기가 열매처럼 부푼 것을 말합니다. 언뜻 열매라고 생각하기 쉬운 감자가 바로 덩이줄기입니다. 이 덩이줄기에서 새로운 싹이 나오는 것입니다.

양파와 튤립은 알뿌리로 번식하는 대표적인 식물입니다. 뿌리가 알처럼 둥글게 뭉쳐 있어서 알뿌리라고 합니다.

감자의 덩이줄기

양파 알뿌리

잎에서 새싹이 나오는 식물도 있습니다.

잎으로 번식하는 식물에는 홍옥과 샹들리에 풀 등이 있습니다.

샹들리에풀

홍옥은 땅이 메마른 곳에서 자랍니다. 두터운 홍옥의 잎은 물로 가득 차있습니다. 그래서 잎을 떨어뜨려 메마른 땅에 뿌리를 내립니다.

샹들리에 풀은 놀랍게도 잎 끝에서 새싹이 생겨난답니다. 그리고 그 새싹이 얼마쯤 자라면, 그제야 새싹이 땅에 떨어져 뿌리를 내립니다.

딸기에는 씨가 없나요?

딸기에 깨알처럼 촘촘히 박힌 검은 점을 본 적이 있지요? 그 검은 점이 바로 딸기 씨앗입니다.

딸기의 씨가 처음부터 그렇게 작은 것은 아니었어요. 사람들이 농업 기술로 딸기를 지금의 모습처럼 만든 것입니다. 씨보다는 열매 부분을 더 많게 하고, 또 먹기 편하

산딸기

게 하려고 말입니다. 그러다 보니, 딸기의 씨는 차츰 제 역할을 잃게 되었습니다. 딸기 씨를 아무리 심어 보아도 싹은 나지 않습니다.

식물의 속임수

식물이 씨앗을 만들려면 꽃가루를 옮겨 줄 중매쟁이가 필요합니다. 그러려면 무엇보다도 중매쟁이의 눈에 잘 띄어야겠지요? 그래서 곤충의 눈에 잘 띄려고 속임수를 부리는 포인세티아, 벌난초 같은 식물들이 생겼습니다.

포인세티아

포인세티아는 식물 윗부분의 잎들을 붉게 만들어서, 멀리서 보면 마치 꽃처럼 보이게 한답니다. 노란색 꽃을 가지고는 있지만, 잎에 가릴 만큼 아주 작아서 곤충의 눈에 띄지 않기 때문입니다.

벌난초는 그 모습이 진짜 벌처럼 생겼습니다. 그래서 날아가던 벌들이 진짜 벌로 생각하고는 날아와 앉습니다. 벌난초에게 보기 좋게 속아 넘어간 것이지요.

벌난초

브라질의 캘리코 꽃은 파리를 끌어들여 꽃가루받이를 합니다. 그래서 향긋한 냄새 대신 파리가 좋아하는 썩은 고기 냄새를 피웁니다.

26. 홀씨로 번식하는 식물

고사리는 무서운 마법사!

근질근질, 근질근질! 휴, 지금 난 입이 근질근질해 죽겠어. 뻐꾹뻐꾹, 말을 하고 싶어서 말이야. 그런데 왜 부리를 끈으로 칭칭 동여맸냐고? 사실은 말이야, 벌을 서고 있거든. 밥 먹을 때만 빼고 내년 봄까지 이렇게 지내야만 하는 거야. 어쩌다 그런 심한 벌을 받게 됐냐고?

지난봄이었어. 이제껏 못 보던 식물 하나가 초록빛 동산에 새로 싹을 틔웠지 않았겠어! 바로 고사리라는 식물이었지.

문득 고사리를 골려 주고 싶더군. 그래서 고사리가 무시무시하고도 아주 나쁜 마법사라고 동네방네 떠들고 다녔지, 뭐. 처음엔 아무도 믿으려고 하지 않았어.
"그럴 리가 있니? 착해 보이던데?"
"바보야, 그게 다 속임수라니까. 너희가 애써 만든 씨를 빼앗아 가려고 지금 착한 척하는 거야. 너희들, 한 번이라도 고사리가 꽃을 피우는 거 봤니? 봤어? 고사리가 꽃을 못 피우는데, 어떻게 씨를 만든단 말이니? 그런데도 자손은 잘만 이어 가니, 참 이상하잖아."

우히히, 내가 그럴 듯하게 말하니까, 모두들 솔깃해서 내 말에 귀를 기울이더라고.

"고사리는 다른 꽃의 씨앗을 훔쳐다가 자기 씨로 만든대. 마술을 부려서 말이야. 그런데도 내 말을 못 믿겠어?"

아아, 똑 부러진 이 말솜씨! 그제야 모두들 가슴이 철렁 내려앉은 듯한 눈치야. 그러더니 화가 나서 고사리한테 우르르 몰려가더라.

"고사리를 쫓아내자!"

"못된 마법사가 훔쳐 간 씨앗을 찾아오자!"

고사리는 까닭을 몰라 당황한 눈치였지.

"저런! 고사리

가 자기 잎 뒤에다가 훔친 씨앗들을 감춰 두고 있었어!"

"아니 그럼, 뻐꾸기 말이 진짜였네!"

고사리를 수색하던 식물들은 분하고 기가 막혀서, 고사리를 무섭게 노려봤어. 작은 알갱이들이 고사리 잎 뒷면에 밤색 띠처럼 둘러 있었거든.

"나쁜 마법사야! 빨리 우리 씨를 돌려 줘!"

"도대체 무슨 말씀이세요? 이것은 내가 만든 홀씨주머니예요. 또 난 마법이 뭔지도 모른다고요!"

"흥, 끝까지 오리발이군! 그럼, 어디 혼 좀 나 볼 테냐?"

모두들 고사리의 말을 믿지 않았지. 그것을 줄곧 지켜보고 있던 나는 얼마나 신이 났던지!

그런데 어떻게 알았는지, 부엉이 할아버지가 홍길동처럼 휙 나타났지 뭐니!

"잠깐만, 여러분! 떠버리 뻐꾸기의 말을 믿지 마세요. 고사리는 마법사가 아니가 여러분과 똑같은 식물입니다. 차이가 있다면, 여러분처럼 꽃을 피워서 씨를 만드는 게 아니라는 거죠. 대신 고사리는 이끼나 곰팡이처럼 홀씨를 만들어 번식한답니다. 이제 알았나요?"

이렇게 해서 내 거짓말은 모두 들통 나 버렸어. 그래서 일 년 동안 입 다물라는 벌을 받게 된 거라고. 뭐? 거 참 쌤통이라고? 그래, 나도 그렇게 생각해, 우헤헤헤!

공룡보다도 먼저 지구에 나타난 고사리

3억 년 전, 고사리는 공룡이 태어나기 아주 오래 전에 지구에 나타났습니다. 지구는 고사리를 비롯한 여러 양치식물들로 숲을 이루었습니다. 양치식물은 꽃을 피우지 않고 잎 뒷면에서 씨를 만드는 식물을 말합니다.

지금과는 달리 3억 년 전의 양치식물은 모두 키가 컸습니다. 쇠뜨기는 무려 15미터가 넘었지요. 이들이 오랜 세월 땅 속에 묻혀 있으면서 변하여 생긴 것이 오늘날의 석탄입니다. 석탄은 불을 때는 연료입니다.

고사리

고사리는 아주 많은 홀씨주머니를 가지고 있습니다.

고사리는 꽃을 피우지 않고 잎 뒷면에서 씨를 만듭니다. 이렇게 만들어진 씨를 홀씨라고 합니다. 보세요, 고사리 잎 뒷면에 많은 주머니가 달려 있지요? 이것이 홀씨주머니입니다. 홀씨주머니에는 아주 많은 홀씨가 들어 있습니다. 그런데 홀씨는 크기도 작고 또 양분을 갖고 있지 않아 겨우 일 년밖에 살지 못합니다. 그래서 홀씨의 수가 그렇게 많은가 봅니다. 미역 같은 조류나 솔이끼 같은 이끼류도 홀씨를 만들어 자손을 남깁니다.

고사리 잎뒷면에 달린 홀씨주머니

고사리도 나비처럼 애벌레 시절이 있어요.

모든 씨앗과 홀씨는 싹이 트면 바로 어린 식물로 자랍니다. 그런데 고사리는 좀 다릅니다. 홀씨에서 배우체로 자란 뒤에야 비로소 고사리로 자랍니다. 마치 나비의 알이 애벌레로 자라다가 나비로 바뀌는 것처럼 말입니다.

배우체는 고사리의 홀씨가 싹이 튼 것을 말합니다. 배우체에서는 꽃의 암술과 수술의 역할을 하는 물질이 생겨나 서로 결합합니다. 그런 후 배우체는 어린 고사리로 자라는 것입니다. 이렇게 해서 생긴 어린 고사리로 사람들은 고사리나물을 무쳐 먹지요.

식물 세계의 개척자, 이끼

영하 40도의 추위 속에서도 끄떡없는 식물이 있습니다. 바로 이끼입니다. 남극에 사는 어떤 이끼는 냉동실에 넣어 두었다가 오 년 뒤에 꺼냈는데도 여전히 살아 있었답니다.

이처럼 이끼는 다른 식물이 살 수 없는 곳에서도 거뜬히 살아가는 강한 식물입니다.

또 이끼는 아무도 살지 못하는 황무지에 살면서 메마른 땅을 기름진 땅으로 바꾸어 놓습니다. 메마른 땅에서도 살 수 있는 까닭이 뭐냐고요? 그것은 공기 속에 떠다니는 수분을 몸으로 빨아들일 수 있기 때문이랍니다.

이끼

어때요, 이만하면 이끼를 지구의 개척자라고 부를 만하지 않나요?

그런데 이렇게 강인한 이끼도 살 수 없는 곳이 있습니다. 바로 공기가 더러운 곳입니다. 만일에 여러분이 사는 곳에 이끼가 있다면, 그 곳의 공기가 맑고 깨끗하다는 거겠죠?

27. 버섯은 식물이 아니에요

그리고 곰팡이류 여러분!

덜컹덜컹! 숲 한쪽에서 포클레인 소리가 요란합니다. 그 때문에 숲 속의 지도자들이 모였습니다.

"대체 무슨 일이 일어나고 있는 거지?"

"어쩌면 사람들이 이 숲을 없애려는 게 아닐까? 지난번에는 큰 바위가 많은 개울가에다 집을 커다랗게 지었잖아. 밭도 만들고 말이야. 그러는 바람에 그 쪽에 살던 식물과 동물들이 보금자리를 잃었잖니!"

"어쨌든 우리도 무슨 대책을 세워야 해!"

숲 속의 지도자들은 가만히 당하고만 있을 수 없다

고 생각했습니다. 그래서 숲 속 전체 회의를 열기로 했습니다.

"딱다딱다, 딱따다다! 숲 속의 식물과 동물은 다 모여라!"

딱따구리가 외쳤습니다. 얼마 뒤 숲 속의 식물과 동물이 모두 모였습니다. 모두 무슨 일인지 어리둥절한 얼굴이었습니다.

그런데 숲 속에 또 다른 일이 일어난 걸까요? 어린 소나무가 헐레벌떡 뛰어와서 소리쳤습니다.

"딱따구리 아저씨, 버섯들이 단단히 삐졌어요. 숲 속 회의에 가자는데 안 가겠다고 버텨요!"

"조그만 녀석들이 벌써부터 꾀나 부리다니! 혼을 내 줘야겠군."

딱따구리가 못마땅한 얼굴로 버섯한테 날아갔습니다.

"버섯들아, 심술부리지 말고 어서 함께 가자! 어쩌면 숲에 큰일이 일어날지도 모르는데, 우리 모두가 힘과 지혜를 모아 막아 내야지."

딱따구리가 점잖게 타일렀습니다. 그러자 싸리버섯이 뾰로통한 얼굴로 대꾸했습니다.

"싫어요. 우리가 거길 뭐 하러 간단 말이에요?"

"이 녀석! 그게 무슨 말버릇이냐! 정말 못된 아이로군!"

딱따구리가 무섭게 호통을 쳤습니다.

"저도 가고 싶어요! 그렇지만 갈 수가 없잖아요!"

싸리버섯이 억울해 하며 와락 울음을 터뜨렸습니다.

"대체 그게 무슨 말이냐? 누가 너희보고 숲 속 회의에 나오지 말라고 하던?"

"꼭 그런 것은 아니지만, 아저씨가 식물하고 동물만 오랬잖아요."

이번에는 송이버섯이 서운해 하며 대답했습니다.

"그랬지. 그러니 식물인 너희도 당연히 참석해야지."

딱따구리가 영문을 모르겠다는 듯이 대답했습니다. 그러자 독버섯이 기가 막힌 듯, 잠시 말을 끊다가 이렇게 소리쳤답니다.

"세상에, 우리가 식물이라고요? 천만에요! 우리 버섯은 모두 곰팡이류라고요!"

"대체 무슨 소리냐? 어떻게 너희가 곰팡이라는 거니?"

"우리의 몸은 곰팡이처럼 팡이실로 되어 있거든요. 또 식물처럼 광합성도 못하고, 꽃도 잎도 없어요."

이번에는 송이버섯이 눈물을 훔치고 대답했습니다. 그제야 딱따구리가 머리를 끄덕였습니다.

"저런 저런, 정말 미안하게 됐다. 이제부터는 이렇게 부를게. 숲속의 동물, 식물 그리고 곰팡이류 여러분! 어서 모이세요! 하고 말이야. 그러니 이제 그만 화를 풀고 어서 회의에 가자꾸나."

그제야 버섯들은 환한 웃음을 지으며 크게 대답했습니다.

"네! 빨리 가요. 잘못하면 늦겠어요!"

우리는 한 가족, 버섯과 곰팡이!

버섯은 나무나 풀이 있는 곳에서 자랍니다. 그 탓에 버섯을 식물이라고 생각하게 되었습니다. 버섯은 꽃도 잎도 없는데 말이에요.

사실, 버섯은 곰팡이와 한 형제입니다. 서로 겉모습만 다를 뿐, 버섯과 곰팡이는 팡이실로 이루어져 있고 홀씨로 번식합니다. 그래서 버섯과 곰팡이를 통틀어 균류라고 합니다.

버섯을 뽑아 보면 줄기 끝에 하얀 실이 달려 있을 거예요. 이것이 바로 팡이실인데, 양분을 빨아들이는 일을 합니다.

팡이실

버섯

버섯은 숲 속의 청소부래요!

느타리버섯

송이버섯

버섯은 그늘지고 습한 곳에서 삽니다. 동물의 시체나 똥, 낙엽, 썩은 그루터기를 먹어 치웁니다. 그래서 버섯을 숲 속의 청소부라고 부르지요.

버섯은 싸리버섯, 송이버섯, 느타리버섯처럼 맛있고 몸에 좋은 것이 있는가 하면, 독우산버섯이나 알광대버섯처럼 무서운 독이 있어, 먹으면 목숨을 잃게 하는 것도 있습니다. 그러니 산에 갔다가 버섯을 발견하더라도 함부로 캐다 먹으면 안 돼요!

독버섯은 어떻게 구별할까요?

먹을 수 있는 버섯으로는 송이, 싸리, 목이, 표고, 느타리, 젖버섯 등이 있습니다. 그리고 먹을 수 없는 버섯으로는 파리, 붉은 싸리, 화경, 마귀곰보, 독우산, 독깔대기 버섯 등이 있답니다.

독버섯은 대체로 빛깔이 화려합니다. 그러나 반드시 그런 것은 아닙니다. 게다가 붉은싸리버섯과 독깔대기버섯이 저마다 싸리버섯과 젖버섯을 닮은 것처럼, 먹을 수 있는 버섯처럼 생긴 독버섯도 있습니다. 이럴 경우에는 전문

화경버섯

곰보버섯

마귀광대버섯

독우산광대버섯

가가 아니면 어느 것이 독버섯이고 먹는 버섯인지 알기 어렵습니다.
독버섯을 구별하는 가장 좋은 방법은 독버섯의 모습을 잘 알아 두는 것입니다.

곰을 사람으로 만들어 준 쑥과 마늘

마늘

단군 신화에서는 곰이 백 일 동안 쑥과 마늘을 먹고 여자가 되어, 우리나라를 처음 세운 단군을 낳았다고 전합니다. 이렇듯 쑥과 마늘은 예부터 신비한 약초로 알려져 왔습니다.

쑥은 뱀이나 벌레에 물렸을 때, 즙을 내어 바르면 상처를 낫게 해 줍니다. 또 쑥으로 뜸을 떠서 병을 고치기도 합니다. 그뿐만 아니라, 쑥으로 불을 피워 모기를 쫓거나, 떡도 만들어 먹기도 합니다. 마늘은 우리 몸을 튼튼히 해 줍니다. 마늘에는 암을 물리치는 성분이 들어 있다고도 하지요. 재미있는 것은, 귀신도 마늘을 두려워했다는 것입니다. 그래서 제사 음식에는 마늘을 사용하지 않았습니다. 서양에서는 아담과 이브가 에덴동산에서 쫓겨날 때 생긴 발자국에서 처음 마늘이 생겼다는 이야기가 전해 온답니다.

쑥

28. 식물의 조상은 무엇일까?

포도나무의 외로운 여행

어느 마을에 포도나무 한 그루가 있었습니다. 그 나무는 자신이 어떻게 이 세상에 태어났는지 알고 싶었습니다. 그럴 때마다 다른 나무들이 핀잔을 주었지요.

"이 바보야! 너의 엄마와 아빠가 너를 낳았잖아!"

"내가 알고 싶은 건, 지구에서 맨 처음 살았던 식물이 누구인가 하는 거야. 넌 알고 있니?"

"야, 왜 그런 쓸데없는 것 가지고 고민하니? 다 잊어버려!"

그러던 어느 날, 배나무 아저씨가 이렇게 귀띔해 주었습니다.

"겉씨식물인 소나무나 은행나무를 찾아가 보렴. 우리 속씨식물도 옛날에는 겉씨식물이었대."

"겉씨식물? 속씨식물? 그게 다 뭐예요?"

포도나무는 귀가 번쩍 뜨여 물었습니다.

"응, 씨방이 없고 밑씨가 겉으로 드러나 있는 식물을 겉씨식물이라고 하는 거야. 우리처럼 씨방 속에 밑씨를 감추고 있는 식물을 속씨식물이라고 하고."
"아, 그랬군요! 처음부터 속씨식물이 있었던 게 아니었네요!"
포도나무는 곧 소나무를 찾아갔습니다. 소나무를 보자 포도나무는 참 흐뭇했습니다.
"소나무님은 훌륭한 선비처럼 멋져 보이는군요. 당신이 우리 식물의 첫 조상이라니 참 자랑스러워요."
"내가? 아니야. 고사리한테 물어 보렴. 고사리가 우리보다 더 오래 된 식물이거든."
소나무가 빙그레 웃으며 말했습니다. 그래서 포도나무는 다시 길을 떠났습니다. 더 멋진 조상을 만날 거라는 기대감을 가지고요. 하지만 고사리를 보고는 속으로 크게 실망하고 말았답니다.
'아휴. 이렇게 초라한 식물이 우리 조상이었다니!'
그래도 고사리에게 정중하게 물었답니다.
"고사리님. 당신이 정말 식물의 첫 조상이에요?"

"내가? 아니야. 나보다 오래 된 식물은 이끼야."

그 말에 포도나무는 다행스럽게 생각하며 이끼를 찾아갔습니다.

'에게? 고사리보다 더 볼품없잖아!'

포도나무는 기가 막혔습니다. 식물의 첫 조상을 만나려고 어렵게 찾아왔는데, 이끼는 겨우 바위 틈 축축한 곳에서 살아가고 있으니 말입니다.

"이끼님. 당신이 정말 우리 식물들의 첫 조상인가요?"

포도나무가 애써 공손하게 물었습니다.

"파래나 김 같은 조류를 찾아가 봐. 바다에서 사는 조류가 나보다 먼저 지구에서 살았을걸."

"저기, 파래나 김은 당신보다 더 작나요?"

"아마도 그럴걸? 이봐. 덩치가 작다고 얕보지 말라고! 조류가 없었으면 우리 이끼류도 이 세상에 있을 수 없었지. 우리보다 훨씬 더 늦게 나타난 너희 속씨식물은 말할 것도 없고."

이끼의 말에 포도나무는 속으로 뜨끔했습니다. 그래서 사과하는 마음으로 정성껏 인사를 했답니다.

"가르쳐 주셔서 정말 고맙습니다!"

그러고는 길을 떠났습니다. 다음에 만나는 식물이 아무리 보잘것없어 보이더라도, 실망하거나 얕보지 않겠다고 다짐하면서 말입니다.

지구에 나타난 첫 번째 초록색 식물

지구에 나타난 첫 번째 초록색 식물은 클라미도모나스, 클로렐라 같은 녹색 조류입니다. 조류란 미역처럼 물속에서 사는 식물을 일컫는 말입니다.

다른 식물이 하나도 없던 그 옛날 옛적에, 녹색 조류는 스스로 양분을 만들고 산소를 밖으로 내보냈습니다. 그 덕분에 비로소 지구에 산소가 생겨나기 시작한 것입니다. 그 뒤 산소로 숨 쉬는 동물들이 하나 둘 생겨나기 시작했습니다. 그리고 이 조류가 어마어마한 세월이 흐르면서 오늘날의 수많은 식물들로 진화해 갔습니다.

클라미도모나스

클로렐라

초등학생이 가장 궁금해하는 식물상식 28

식물도 족보가 있어요.

이젠 식물의 진화 족보를 알겠지요. 그러면 그 식물들이 사는 곳을 알아볼까요? 조류 식물은 물에서 살아요. 이끼 식물과 양치식물은 습하고 그늘진 땅에서 살고요. 겉씨식물과 속씨식물은 주로 건조하고 햇빛이 잘 비치는 땅에서 살지요.

미역

솔이끼

물 얕은 곳에서 자라는 녹색조류입니다

물 깊이에 따라 조류의 색이 다른데요?

조류는 몸이 납작하고 겉은 미끈거리는 액체로 뒤덮여 있습니다. 그래서 아무리 거센 물살에도 몸이 부러지거나 찢어지는 일이 결코 없답니다.

또 살고 있는 물 깊이에 따라 크게 녹색 조류, 갈색 조류, 홍색 조류로 나뉩니다. 물이 얕은 곳에 사는 조류는 초록색, 좀 더 깊은 곳에 사는 조류는 갈색을 띱니다. 물이 아주 깊은 곳에서는 붉은색을 띱니다.

조류는 잎과 줄기, 뿌리가 따로 구별되지 않습니다. 또 꽃을 피우지 않고 홀씨로 번식합니다.

35억 년 전, 지구에서 일어난 일

지구가 이 세상에 나타난 것은 약 45억 년 전입니다. 그 때만 해도 지구에는 생명체라고는 아무것도 없었습니다. 땅에는 다만 바다만 있을 뿐이었고, 하늘에는 이산화탄소, 암모니아가 떠다닐 뿐이었습니다.

그러다가 약 35억 년 전, 이산화탄소와 암모니아 같은 기체들이 태양 빛을 받아 작은 단백질 덩어리로 변했습니다. 그리고 비가 내릴 때, 비와 함께 바닷물로 떨어졌습니다. 그렇게 해서 생긴 것이 최초의 생명체인 박테리아입니다.

35억 년 전에 나타난 이 최초의 생물은 오랜 세월을 거치면서 오늘날의 식물과 동물로 진화했습니다. 진화란 생물이 주어진 환경에 알맞게 스스로 변화해 가는 것을 말합니다.

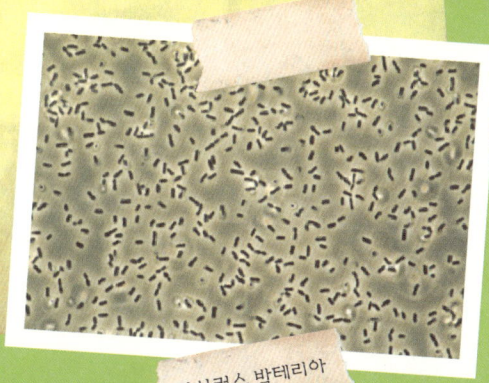

바실러스 박테리아

29. 세월이 흐르면 숲도 변할까?

셋방살이 온 참나무

붉은 소나무가 고개를 높이 들고 하늘을 올려다보았습니다. 구름이 둥둥 떠다니고 저 멀리 새들이 무리 지어 날아오고 있었습니다.

그 때, 어디선가 어린 나무의 소리가 들렸습니다.

"안녕하세요? 저는 참나무예요."

"아니, 이곳은 소나무 숲인데, 웬 참나무지?"

소나무가 깜짝 놀라며 물었습니다.

"지난해에 다람쥐가 나를 이곳에 데려다 주었어요. 그래서 이렇게 싹이 트게 된 거예요."

"그런데 이왕이면 내게서 멀리 떨어져 싹을 틔우지 그랬니? 내 큰 키에 가려 햇볕을 제대로 받을 수 없잖니? 나무들이란 어려서부터 햇볕을 잘 받아야 건강하게 자라는 거야."

"저는 그늘이 더 좋아요. 어린 가시나무도 어린 밤나무도 모두 그렇대요. 그래서 일부러 아저씨처럼 키가 크고 나이가 많은 나무 옆에 자리를 잡았대요."

그러고 보니 소나무 숲 여기저기에서 낯선 어린 나무들이 소나무 사이사이에서 자라고 있는 것이었어요.

붉은 소나무가 보기에 이들 어린 나무들이 크게 해가 되지 않을 것 같았습니다. 그래서 이들을 새 이웃으로 받아들이기로 했습니다.

그렇게 열 해가 흘렀습니다. 참나무는 자라면서 차츰 소나무에게 불만이 생겼습니다.

"야야! 제발 그 바늘 같은 잎 좀 치워 주세요! 닿을 때마다 콕콕 찌르니 얼마나 아프다고요."

"그러기에 네가 처음 이사 올 때, 나한테서 멀찌감치 떨어지라고 하지 않았니!"

소나무가 미안해했습니다.

"정말 소나무들은 나빠요. 남한테 피해만 주잖아요. 그 바늘 같은 뾰족한 잎도 그렇지만, 왜 소나무들만 햇볕을 독차지하냐고요! 후박나무도 밤나무도 모두 불만이래요."

참나무가 여전히 볼멘소리로 말했습니다. 그러자 소나무가 버럭 화를 냈습니다.

"흥, 그늘이 좋아서 나처

셋방살이 온 참나무 · 177

럼 키 큰 소나무 옆에 있겠다고 한 건 너였잖니!"

"그건 옛날 일이죠. 또 어릴 때는 그늘에서도 잘 자라니까, 별 문제가 되지 않았죠. 하지만 지금은 달라요. 우리도 탁 트인 하늘을 보고 싶단 말이에요. 그러려면 아저씨만큼 커야 하는데, 아저씨가 햇빛을 다 가리고 있으니 더 이상 자랄 수가 없잖아요."

참나무가 흥분해서 침까지 튀기며 말했습니다.

"화장실 들어갈 때 다르고 나올 때 다르다더니, 네가 바로 그 짝이로구나. 이곳은 원래 소나무 숲이었는데 셋방살이 하는 주제에 오히려 큰소리치다니!"

소나무가 괘씸해했습니다. 참나무는 더 이상 아무 말도 하지 않았습니다. 대신 속으로 이렇게 콧방귀를 뀌었지요.

'흥, 언제까지나 소나무 숲인지 두고 보자!'

또 다시 세월이 흘러 스무 해가 지났습니다. 참나무의 키는 스무 해 전과 크게 다르지 않았습니다. 그런데 소나무가 시름시름 앓기 시작했습니다. 나이가 들어 몸이 약해진데다가, 소나무를 못살게 구는 솔잎혹파리한테 오랫동안 시달렸기 때문이지요. 결국 소나무는 더 이상 버티지 못하고 쓰러지고 말았습니다.

"아, 얼마나 기다리던 햇볕인가? 이제 내가 이 숲의 주인이 될 거야."

참나무는 쑥쑥 자라기 시작했습니다. 그렇게 소나무 숲은 참나무, 가시나무, 밤나무 같은 새로운 나무들의 숲으로 서서히 바뀌어 갔습니다.

숲이 망하면 나라도 망한대요.

2000년쯤 전에 아라비아에는 메소포타미아라는 지역이 있었습니다. 메소포타미아는 인류 문명이 처음 시작된 곳입니다.

메소포타미아는 본디 땅이 기름지고 숲이 우거진 곳이었습니다. 이러한 자연 환경 때문에 다른 지역보다도 일찍이 농업이 발달하고 학문과 예술이 꽃필 수 있었습니다.

그런데 메소포타미아 사람들은 숲을 마구잡이로 없애기 시작했습니다. 더 많은 곡식을 얻으려고 숲을 베어 내고, 그 자리에서 논밭을 일구었던 것입니다. 우거진 숲이 사라진 후 비만 오면 강물이 넘쳤습니다. 결국 메소포타미아는 잦은 홍수로 망하고 말았습니다. 메소포타미아 사람들은 숲이 홍수를 다스려 준다는 걸 미처 몰랐던 것입니다.

그 밖에 페니키아, 마야, 로마 같은 옛날 국가들도 숲을 함부로 다루다가 망했다고 합니다. 이처럼 산과 숲이 망가지면 결국 나라도 망하게 됩니다. 산과 숲은 사람이 사는 데에 가장 중요한 바탕이 됩니다.

첨단 과학이 발달한 오늘날에도 이것은 조금도 변함없는 진실입니다.

초등학생이 가장 궁금해 하는 식물 상식 29

천이가 무슨 뜻이에요?

이끼

어느 날 메마른 땅에 개척자가 나타났어요. 메마른 땅에서도 잘 자라는 이끼였어요.

메마른 땅은 점차 기름져 갔어요. 그러자 고사리나 강아지풀 같은 풀들도 생겨났어요.

많은 시간이 흐른 뒤, 나무들도 생겨났어요. 어릴 때부터 햇볕을 받아야 잘 자라는 소나무 같은 나무들이었지요. 이렇게 해서 황무지는 소나무 숲이 되었답니다.

강아지풀

소나무

또 다시 오랜 시간이 흐르면서 소나무 숲에 새로운 나무들이 생겨났어요. 후박나무, 가시나무, 참나무처럼 잎이 넓은 나무들이었어요. 이런 나무들은 넓은 잎으로 소나무 나뭇가지 사이로 들어오는 햇빛을 받으며 잘 자랐지요.

어느덧 잎이 넓은 나무들이 숲의 새 주인이 되었어요. 나이가 많은 소나무는 죽었고, 어린 소나무들은 다른 큰 나무들이 햇볕을 가려서 자랄 수가 없었기 때문이지요.

이처럼 황무지에 식물이 생기기 시작했다가 숲이 변해 가는 과정을 천이라고 한답니다.

30. 숲은 우리에게 많은 것을 베풀어요

숲속의 자기 자랑 대회

어느 날, 나무와 풀들이 모여 서로 다투었답니다. 그 다툼은 저마다 자기가 더 사람들에게 쓸모 있고 도움을 주는 식물이라고 주장하면서 시작되었지요.

"봐, 저 헬리콥터의 날개는 바로 나를 본뜬 거야! 내 씨를 둘러싸고 있는 껍질에는 날개가 두 개 달려 있는데, 이 날개가 헬리콥터처럼 빙글빙글 돌면서 바람을 타고 날아가거든. 바로 여기서 아이디어를 얻은 사람들이 헬리콥터의 날개를 만든 거라고!"

단풍나무가 의기양양해서 외쳤습니다. 때마침 헬리콥터가 다다다 소리 내며 날아가고 있었지요.

"흥, 나는 어떻고? 어린 아이들이 신발을 신고 벗기 편하도록 만들어진 찍찍이는 바로 내 열매를 본떠서 만든 거야."

우엉이 제 가슴을 탕탕 치며 질 수 없다는 듯 말했습니다. 이렇게 시작된 나무와 풀들의 다툼은 계속해서 이어졌습니다.

목화 : 사람들은 내 열매로 솜을 얻지. 그리고 또 내 열매로 면이라는 옷감을 만들어. 만일 내가 없다면, 사람들은 여전히 옛날처럼 나

뭇잎을 엮어서 옷을 해 입을 거야.

고무나무 : 내 몸 안에는 라텍스라는 고무 즙이 나와. 사람들은 이것으로 고무를 만들지. 아마 내가 없다면, 차도 굴러다니기 힘들걸. 고무바퀴처럼 튼튼하고 탄력 있는 차바퀴는 없을 테니까.

버드나무 : 내 껍질은 말이야. 사람들이 머리 아플 때 먹는 아스피린의 원료야. 내가 아니면 사람들은 머리 아플 때마다 얼굴을 찡그리고 다닐걸.

사탕수수 : 에헴, 하지만 나는 못 당할걸? 사람들은 설탕 없이는 못 살아. 차를 마실 때, 쓴 약을 먹을 때, 과자나 사탕을 만들

때, 요리를 할 때, 모두 설탕을 쓰잖아. 그렇게 쓸모 있는 설탕은 바로 내 줄기에서 짜낸 거야.

코르크나무 : 나와 굴참나무도 얼마나 쓸모 있는 줄 아니? 우리는 나무 겉껍질과 속껍질 사이에 껍질이 또 하나 있어. 이것을 코르크라고 하지. 사람들은 이것으로 병마개를 만들고 신발 밑창이나 등산할 때 신는 신발도 만들어. 코르크 공기나 물이 새지 않고 열도 전하지 않거든. 게다가 아주 가벼워서 여러 모로 쓸모가 많지.

굴참나무 : 끄덕끄덕!

다른 나무들 : 치, 그 코르크는 너희만 있는 게 아니야. 나무라면 다 가지고 있는 거잖아.

굴참나무와 코르크 : 하하하. 물론 그렇지.

굴참나무 : 하지만 너희한테 있는 코르크는 너무 얇아서 아무 쓸모가 없잖아.

양귀비 : 그만 그만! 이젠 내 말 좀 들어 봐. 난 꽃도 아름답지만 내 열매는 아주 소중한 의약품이란다. 내 열매는 아편이라고 불리는데, 사람들이 크게 다치거나 죽을병으로 무척 고통스러울 때면 내 열매를 먹는단다. 그러면 아픈 게 덜하거든. 하지만 내 열매를 함부로 쓰면 매우 위험하지.

"흥, 나는 어떻고?"

양귀비의 말이 끝나자마자 모시풀, 둥글레, 현호색, 소나무, 참나무 들이 서로 이야기하려고 아우성입니다. 아마 그 곳에 모인 식물들의 말을 모두 들으려면, 오늘 하루 가지고는 어림도 없겠어요.

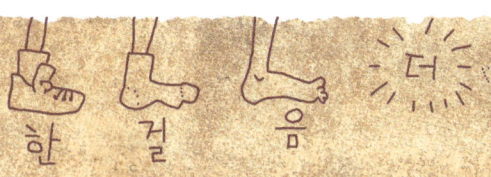

우리나라 숲의 고마움을 돈으로 따진다면?

만일 숲이 봉급을 받는다면 해마다 34조 6000억 원이라는 어마 어마한 돈을 받아야 합니다. 이 돈을 우리나라 사람에게 골고루 나누어 준다면, 한 사람 한 사람마다 78만 원이나 돌아간다니 참 엄청난 돈이 아닐 수 없지요?

그렇다면 도대체 숲이 무슨 일을 해서 그렇게 많은 돈을 받아야 하는 걸까요?

숲은 무엇보다도 우리에게 맑은 공기와 깨끗한 물, 양질의 토양을 만들어 줍니다. 홍수가 나거나 산이 무너지는 것을 막아 주기도 합니다. 또 숲은 들짐승이나 날짐승들이 살아가는 생활 터전입니다. 지구를 아름답게 가꾸는 예술가이기도 합니다. 그 뿐인가요? 숲을 이루고 있는 나무나 풀들은 목재나 약으로 쓰입니다. 그리고 보니 숲은 돈으로 따질 수 없을 만큼 참 많은 일을 하네요. 우리 모두 고맙고 소중한 숲을 잘 가꾸어야 하겠어요.

푸르른 산

사람이 살아가는 데 도움을 주는 고마운 식물들

1. 아스피린은 버드나무 껍질에서 나오는 성분으로 만듭니다.

2. 가문비나무, 젓나무 같은 나무는 종이를 만드는 재료입니다. 만일 이들 나무가 없었다면, 책은 물론이고 신문도 만들지 못했을 것입니다.

닥나무

3. 한지는 닥나무로 만듭니다. 우리나라의 닥나무는 질기고 튼튼한 한지를 만드는 데 필요한 재료입니다.

4. 참나무와 오동나무는 가구를 만드는 데 좋은 재료입니다. 나뭇결이 단단하고 잘 휘지 않기 때문입니다. 특히 오동나무는 거문고나 바이올린 같은 악기를 만드는 데에도 좋은 재료라고 합니다.

5. 차 바퀴는 고무나무로 만듭니다.

6. 껌은 사포딜라 나무에서 나온 '검'이란 즙으로 만듭니다.

사포딜라 나무

7. 향수와 화장품은 박하, 장미, 유채, 오이, 알로에 같은 식물로 만듭니다.

8. 900년 된 팔만대장경은 나무질이 좋은 박달나무로 만들었습니다.

삼나무

9. 삼나무는 연필을 만드는데 쓰입니다.

10. 포플러 나무는 성냥개비를 만드는 데 쓰입니다.

11. 약으로 쓰이는 식물들도 아주 많습니다. 유카리 나무는 기침을 멈추게 하는 데 쓰이고 주목나무의 열매는 암을 치료하는 약으로 쓰입니다. 그 밖에도 인삼, 산수유도 매우 중요한 약재입니다.

이렇게 식물은 사람들이 살아가는 데에 많은 도움을 주고 있습니다.

고무나무 유액 받는 모습

숲속의 자기 자랑 대회 · 187

※이 책에 쓰인 사진의 저작권을 표시합니다.

1장
토란 by Kahuroa-i
아스파라거스 by prashantby-i
고구마 by Miya-i-c

2장
유포르비아 트리고나 선인장 by cliff1066™-i
유포르비아 오베사 선인장 by Lourdes-i=
사구아로 선인장 by Ken Lund-i-c
바오밥나무 by Rob Inh00d-i=

3장
연근 by Jack-i=
애기부들 by Lycaon-i-c
통발 by Botanikus-i-c

4장
엽록체 12000배 by Bela Hausmann-i-c
콜레라균 by En rouge-i
대장균 15000배 by Bact-i

5장
뿌리 by Claus Ableiter-i-c

6장
네펜데스 by Richard W Sinyem-i
끈끈이주걱 by Petr Dlouhy-i-c
벌레잡이 제비꽃 by Han (한승수 씨 형님 이름 적어넣어세요.)
용혈수 by brewbooks-i-c

7장
겨우살이 by David.Monniaux-i-c
라플레시아 by Antoine Hubert-i=
아라비돕시스 by BlueRidgeKitties-i=

8장
나팔꽃 덩굴줄기 by bernadettemacpherson morris-i
오이의 덩굴손 by Han
인동 by Han
메꽃 by Han

9장
나이테 by Shandchem-i=

10장
동백나무 by miluz-i-c

11장
함박꽃 by Tony Alter-i

단풍나무 by Ato ARAKI-i-c
로빈후드 by Olaf1541-i-c

12장
오동나무 by Dalgial-i
오리나무 by KENPEI-i-c

13장
국화 by Han
금낭화 by Han
노랑원추리 by Han
보춘화 by ChongDae-i-c
뿌리 by stephen bowler-i

14장
겨울나무 by Domagoj Smoljanovic-i=
목련 겨울눈 by Han
접시꽃 by Han
수선화 by Han

15장
협죽도 잎 by Dalgial-i-c

16장
강아지풀 by Han
과꽃 by Han
동자꽃 by Han
제비꽃 by Han
달맞이꽃 by Han

17장
민들레 by Han
솔잎채송화 by Han
분꽃 by Han
달맞이꽃 by Han
할미꽃 by Han
맨드라미 by Han

18장
화분낭 by Andy Hawkins-i-c
참나리 by Han

19장
고사리 by Han
질경이 by Han

20장
배추흰나비 by John Haslam-i
호랑나비 by Audrey-i
동박새 by su neko-i-c
박쥐 by Ayacop-i
연꽃 by Han

21장
아카시아 by Fernando Bueno-i-c

22장
민들레 홀씨 by UpstateNYer-i-c
땅콩껍질 by Anders Alexander-i

23장
사과꽃 by Olegivvit-i-c
덜익은 사과 by Finding Josephine-i

24장
붓꽃 by BS Thurner Hof-i
대나무 by CPacker-i

25장
양파 알뿌리 by Toni-i
상들리에풀 by John Tann-i
포인세티아 by jeevan jose-i-o

26장
고사리 by Hugo.arg-i-c
고사리 홀씨주머니 by Paige Filler-i
이끼 by Johann Jaritz-i-c

27장
팡이실 by Michael Kensinger-i
버섯 by furtwangl-i
느타리버섯 by frankenstoen-i
송이버섯 by Ericsteinert-i
마귀광대버섯 by Jennifer Welch-i
마늘 by Geocachernemesis-i-c

28장
클라미도모나스 by stellarr-i
솔이끼 by homeredwardprice-i

29장
이끼 by Ragesoss-i
소나무 by MPF-i
가시나무 by Dalgial-i-c
후박나무 by Dalgial-i-c

30장
삼나무 by Yosemite-i
고무나무에서 유액을 받는 모습 by Lofor-i